HERAUSGEBERIN: CORNELIA TRISCHBERGER

# 20 minuten
## sind genug

HERAUSGEBERIN: CORNELIA TRISCHBERGER

# 20 minuten
## sind genug

Über **150** schnelle Rezepte
aus der frischen Küche

Texte:
Cornelia Trischberger

Rezepte:
Erika Casparek-Türkkan
Tanja Dusy
Volker Eggers
Elisabeth Fischer
Angelika Ilies
Martin Kintrup
Martina Kittler
Bettina Matthaei
Margit Proebst
Birgit Rademacker
Gudrun Ruschitzka
Sabine Sälzer
Cornelia Schinharl
Julia Skowronek
Marlisa Szwillus
Cornelia Trischberger

# schnelle küche für zwei

*So, geschafft – wieder mal einen interessanten, aber anstrengenden Arbeitstag überstanden.*
*Und jetzt? Hätten wir gerne etwas zu essen, aber bitte ohne Küchenstress!*

Also dann: Ganz schnell einkaufen und am besten noch schneller kochen – damit man endlich gemütlich und gourmetmäßig den Feierabend einläuten kann. Ja, Sie haben richtig gelesen – gourmetmäßig! Denn auch wer »nur« schnell und ohne großes Aufheben kochen möchte, kann feine Sachen auf den Tisch bringen. Und das geht ganz einfach mit unseren Spezialrezepten!

Die gelingen nicht nur garantiert, sondern sind auch in maximal 20 Minuten fix und fertig gekocht – natürlich nur mit guten Zutaten ...
Gekocht haben wir immer für zwei – aber man kann die Rezepte für die Singleküche auch ganz leicht halbieren oder für mehr Personen einfach verdoppeln oder verdreifachen, kein Problem!

# einkaufen

*Alle Lebensmittel für die 20-Minuten-Küche gibt's in gut sortierten Supermärkten, die in der Regel auch eine Frischfleisch-Abteilung haben. Nur frischen Fisch findet man dort eher selten – den muss man im Fachhandel besorgen.*

### Der Planer

... sucht sich am besten gleich mal seine Lieblingsessen der Woche raus, schreibt einen Einkaufszettel und besorgt sich alles Nötige noch am Samstag.

### Der Sponti

... überlegt sich erst im Laufe des Tages, worauf er heute wohl Lust hat – bekommt aber schnell und problemlos die gewünschten Zutaten im nächsten Supermarkt.

### Der Bequeme

... hat heute überhaupt keine Lust, einkaufen zu gehen. Er schaut zuerst in Vorratsschrank und Tiefkühlgerät, sichtet die Bestände und wählt dann ganz pragmatisch ein Essen, für das alle Zutaten bereits zu Hause sind.

### Der Vorausschauende

... kocht von seinen Lieblingssaucen und -suppen gleich mal die doppelte Menge und friert sie für ganz bequeme Tage einfach ein.

### Der Familien-Versorger

... verdoppelt oder verdreifacht einfach die Mengen der Zutaten in den Rezepten (bis auf die Würzzutaten). So hat er im Handumdrehen auch für 4 oder 6 Personen ein schnelles Essen auf dem Tisch.

### Der Gastgeber

... kann alle partytauglichen Rezepte ohne Probleme in größeren Mengen fürs Büfett zubereiten. Auf Seite 172 findet er gute Ideen für raffinierte Menüs.

# VORRAT

*Gut »gebunkert« ist halb gekocht – denn mit geschickter Vorratshaltung kann man sogar die schnelle Küche noch ein bisschen beschleunigen! So entfällt der stressige Supermarkteinkauf ganz einfach mal mit einem Griff in den Vorrat.*

## IM SCHRANK

… lassen sich Dauerkonserven wie Dosen mit Tomaten, Bohnen und Thunfisch oder Gläser mit Oliven, Kapern oder gerösteten Paprikaschoten und natürlich »Trockenware« wie Nudeln, Reis und Couscous über Monate lagern.

## IM KÜHLSCHRANK

… halten sich geöffnete Gläser, z. B. mit Oliven, Artischocken oder Ayvar, mindestens 3–4 Wochen. Hier kann man sich auch einen Kurz-Vorrat mit Joghurt, saurer Sahne, Mascarpone und Parmesan anlegen und im Gemüsefach z. B. Möhren oder Gurken für ein paar Tage frisch halten.

## IM GEWÜRZREGAL

… kann man von Kurkuma bis Kreuzkümmel, von Cayennepfeffer bis Safran alle wichtigen »Schnellwürzer« auch angebrochen für Monate aufheben. Am besten für das Aroma ist es, wenn sie es dunkel und trocken haben.

## IM TIEFKÜHLGERÄT

… ist Platz für Gemüse wie Brokkoli oder Spinat (TK-Ware oder frisch), Früchte, Eis und Vorgekochtes, das man selber eingefroren hat.

# GERÄTE

*Für unsere schnellen Essen braucht man kein besonderes Handwerkszeug: hier gelingt alles auch mit kleiner Küchenausstattung ohne Probleme.*

## PFANNEN

... möglichst beschichtet, am besten einmal in Groß und einmal in Klein. Auch gut geeignet: eine leichte beschichtete Wokpfanne. Beschichtete Pfannen sind ideal für die schnelle Küche, weil nichts haften bleibt, man auch ohne Fett Kerne und Nüsse rösten kann und sie ganz einfach wieder zu säubern sind.

## TÖPFE

... aus Edelstahl oder Gusseisen – auf alle Fälle aber einen, der groß genug ist, um in ihm bei Eintöpfen und Suppen alles zusammen garen zu können.

## EINEN PÜRIERSTAB

... der alles im Handumdrehen zerkleinert und leicht und schnell zu reinigen ist.

## KOCHTRICKS

Unter dem Motto »Noch schneller« finden Sie bei vielen Rezepten Tipps, wie man die ohnehin schon schnellen Essen noch einmal um ein paar »Kochstärken« beschleunigen kann. Fürs Essen können Sie sich dann ja ruhig ein bisschen mehr Zeit nehmen!

Bei »Auch schön« gibt's raffinierte Ideen und blitzschnelle Varianten zum Grundrezept.

Und »Schön dazu« liefert Anregungen für sättigende Begleiter zu Fleisch und Fisch.

## EINEN BLITZHACKER

... oder eine Küchenmaschine: alle Zutaten rein, ein paar Mal draufdrücken – fertig sind Pesto und Co.

# ALLES
# AUS EINEM TOPF

# DER RICHTIGE »EIN«-TOPF

*Er ist am besten aus Edelstahl oder Gusseisen – in ihm kann man nämlich nicht nur garen, sondern auch Zwiebeln, Gemüse, Fleisch oder Fisch schnell andünsten. Wichtig: Der Topf muss groß genug sein, damit alles zusammen reinpasst – eben in »ein'« Topf!*

## AUF VORRAT KOCHEN

Für den Lieblings-Eintopf gleich die doppelte Menge kaufen, zubereiten – und die Hälfte einfrieren. Dann kann man nämlich in der nächsten Woche einmal ein superschnelles Essen aus dem Tiefkühlgerät zubereiten!

## FÜR GÄSTE

Ein paar Freunde wollen am Abend auf ein Gläschen Wein vorbeikommen? Kein Problem – das Essen dazu ist auch gleich fertig! Einfach die angegebenen Zutaten verdoppeln oder verdreifachen – und natürlich einen ausreichend großen Topf nehmen. Oder zwei Töpfe auf den Herd stellen – mit verschiedenem Inhalt natürlich, für Fleischliebhaber und Vegetarier zum Beispiel oder scharf und mild.

## UND DAZU

… gibt's ganz einfach zum Beispiel Grissini, Taco-Chips oder Krupuk (alles fertig aus der Tüte). Baguette oder ein anderes Brot »von der Stange«, z. B. mit Nüssen oder Oliven, passt auch zu vielen Eintöpfen.

# blitzrezepte für beilagen

## SPANISCHES KNOBLAUCHBROT

Für 2 Personen 4 getoastete Baguettescheiben mit ½ Knoblauchzehe und ½ Tomate einreiben.

## PIZZA-BROT

Für 2 Personen 4 getoastete Baguettescheiben mit je 1 TL Tomatenmark bestreichen und mit je 1 EL geriebenem Käse bestreuen, unter dem Backofengrill 2–3 Min. überbacken.

## ROUILLE-BROT

Für 2 Personen 4 getoastete Baguettescheiben mit einer Creme aus 2 EL Mayonnaise, 1 TL Harissa (Chilipaste, aus Glas oder Tube), 1 TL Zitronensaft, Salz, Pfeffer und Kreuzkümmel bestreichen. Gut zu Suppen.

# gemüse-gumbo

1 weiße Zwiebel (ca. 150 g)
1 Knoblauchzehe | 1 EL Olivenöl
60 g Stangensellerie
1 dünne Stange Lauch (ca. 120 g)
300 ml passierte Tomaten
100 ml Gemüsebrühe | Salz
Pfeffer | Chilipulver | Worcestersauce
120 g Shrimps | 1 EL Zitronensaft

Für 2 Personen
Pro Portion ca. 165 kcal, 15 g EW, 7 g F, 11 g KH

**1** Zwiebel schälen, halbieren und würfeln. Knoblauch schälen und fein hacken. Öl erhitzen, beides darin bei mittlerer Hitze unter Rühren 3–4 Min. andünsten.

**2** Sellerie und Lauch putzen, waschen, schräg in feine Scheiben schneiden und 2–3 Min. mitbraten. Tomaten und Brühe angießen, mit Salz, Pfeffer, Chilipulver und 3–4 Spritzern Worcestersauce kräftig würzen. Bei mittlerer Hitze 5–6 Min. kochen lassen.

**3** Shrimps kalt abspülen, abtropfen lassen, mit dem Zitronensaft zum Gumbo geben und 2–3 Min. kochen lassen. Mit Salz und Pfeffer abschmecken.

# meeresfrüchtetopf mit safran

200 g TK-Meeresfrüchte
150 g weißfleischiges Fischfilet
250 g festkochende Kartoffeln
1 Knoblauchzehe
2 EL Olivenöl
400 ml Gemüsebrühe
400 ml passierte Tomaten (Fertigprodukt)
2 EL Zitronensaft
1 Döschen Safran (gemahlen; 0,1 g)
Pfeffer | Zucker | Salz
2 EL fein gehackte Basilikumblättchen

Für 2 Personen
Pro Portion ca. 330 kcal, 30 g EW, 12 g F, 24 g KH

**1** Die Meeresfrüchte in ein Sieb geben, kalt abspülen und abtropfen lassen. Den Fisch trocken tupfen und würfeln. Die Kartoffeln schälen, waschen und in etwa 1 cm große Würfel schneiden.

**2** Knoblauch schälen und fein hacken. Olivenöl in einem Topf erhitzen und den Knoblauch darin unter Rühren andünsten. Meeresfrüchte dazugeben und unter weiterem Rühren 3–4 Min. dünsten.

**3** Gemüsebrühe, passierte Tomaten und Kartoffelwürfel dazugeben, alles mit Zitronensaft, Safran, Pfeffer, 1–2 Prisen Zucker und 1 Msp. Salz würzen und gut mischen. Bei mittlerer Hitze 6–8 Min. kochen lassen, dabei mehrmals durchrühren.

**4** Den Fisch dazugeben und 4–5 Min. mitkochen. Das Basilikum untermischen. Den Topf mit Salz und Pfeffer abschmecken und servieren.

**NOCH SCHNELLER**
**... geht's mit TK-Basilikum.**

KLASSIKER | RAFFINIERT

# linsentopf mit lauch

½ Stange Lauch (ca. 100 g)
2 Scheiben Frühstücksspeck (ca. 40 g)
1 Knoblauchzehe
1 EL Olivenöl
120 g rote Linsen
600 ml Gemüsebrühe
Salz | Cayennepfeffer
2 EL Zitronensaft
2 EL Crème fraîche

Für 2 Personen
Pro Portion ca. 420 kcal, 17 g EW, 25 g F, 28 g KH

**1**  Lauch putzen, waschen, längs halbieren und quer in feine Streifen schneiden. Den Frühstücksspeck quer in feine Streifen schneiden. Knoblauch schälen und fein hacken. Olivenöl in einem Topf erhitzen, Lauch, Speck und Knoblauch darin unter Rühren 2 Min. andünsten.

**2**  Die Linsen dazugeben und 2–3 Min. mitdünsten. Die Brühe angießen, mit Salz und Cayennepfeffer würzen. Alles bei mittlerer Hitze 8–10 Min. kochen.

**3**  Zitronensaft und 1 EL Crème fraîche untermischen und kurz kochen lassen. Mit Salz abschmecken, auf Teller verteilen und mit je 1 Klecks Crème fraîche servieren.

KUBA SATT

# kichererbsentopf

1 Dose Kichererbsen (Abtropfgewicht 265 g)
1 weiße Zwiebel (ca. 150 g)
1 Knoblauchzehe
2 Minutensteaks vom Schwein ( ca. 250 g)
2 EL Olivenöl
400 ml Gemüsebrühe
1 TL Harissa (Chilipaste; aus der Tube)
2 EL Limettensaft
Salz | gemahlener Kreuzkümmel
1 Fleischtomate (ca. 250 g)
1 reife Avocado (ca. 300 g)
3 EL TK-Petersilie

Für 2 Personen
Pro Portion ca. 755 kcal, 36 g EW, 54 g F, 28 g KH

**1**  Die Kichererbsen in ein Sieb abgießen, kalt abspülen und abtropfen lassen. Die Zwiebel schälen, halbieren und längs in feine Spalten schneiden. Den Knoblauch schälen und fein hacken. Die Steaks in 1½ cm große Stücke schneiden.

**2**  Das Olivenöl in einem Topf erhitzen, Zwiebeln, Knoblauch und Fleisch darin bei mittlerer Hitze unter Rühren 3–4 Min. anbraten. Die Brühe angießen und die Kichererbsen untermischen. Alles mit Harissa, 1 EL Limettensaft, Salz, Cayennepfeffer und Kreuzkümmel würzen und bei mittlerer Hitze 6–8 Min. kochen lassen.

**3**  Inzwischen die Tomaten waschen, vierteln, von Stielansätzen und Kernen befreien und grob würfeln. Die Avocado halbieren und den Kern entfernen. Die Hälften schälen und das Fruchtfleisch mit 1 EL Limettensaft beträufeln. Grob würfeln. Tomaten in den Topf geben, bei schwacher Hitze kurz kochen. Kurz vor dem Servieren Avocado und Petersilie unterrühren und anschließend mit Salz abschmecken.

**AUCH SCHÖN**  statt Kichererbsen Kidneybohnen nehmen

ORIENTALISCH

# bohnentopf mit garnelen

1 große rote Zwiebel
1 kleine rote Paprikaschote
1 Knoblauchzehe | 2 EL Olivenöl
1 Dose Kidneybohnen (Abtropfgewicht 250 g)
250 g grüne TK-Bohnen | 350 ml Gemüsebrühe
Salz | Cayennepfeffer
1–2 EL Zitronensaft | 100 g gegarte Garnelen
2 EL TK-Dill

Für 2 Personen
Pro Portion ca. 370 kcal, 26 g EW, 13 g F, 39 g KH

**1**  Zwiebel schälen, halbieren und in feine Spalten schneiden. Paprika putzen, waschen und klein würfeln. Knoblauch schälen und fein hacken. Öl in einem Topf erhitzen, alles darin bei mittlerer Hitze 3–4 Min. braten.

**2**  Kidneybohnen in ein Sieb abgießen, kurz kalt abspülen und abtropfen lassen. Mit den TK-Bohnen in den Topf geben, Brühe angießen, mit Salz, Cayennepfeffer und 1 EL Zitronensaft würzen. Den Bohnentopf bei mittlerer Hitze 6–8 Min. kochen lassen.

**3**  Garnelen kurz abspülen, zum Bohnentopf geben und 3–4 Min. mitgaren. Dill untermischen, mit Salz, Pfeffer und Zitronensaft abschmecken und gleich servieren.

VEGETARISCH

# gemüse-couscous mit kichererbsen

250 g TK-Suppengemüse
3 Frühlingszwiebeln
1 Knoblauchzehe
1 EL Olivenöl
1 Dose Kichererbsen (Abtropfgewicht 240 g)
200 ml Gemüsebrühe
150 g Instant-Couscous
je ½ TL gemahlener Kreuzkümmel und Koriander
¼ TL Chilipulver
Salz | Pfeffer

Für 2 Personen
Pro Portion ca. 420 kcal, 18 g EW, 8 g F, 74 g KH

**1**  TK-Gemüse aus der Packung nehmen. Die Frühlingszwiebeln putzen, waschen und in feine Ringe schneiden. Knoblauch schälen und fein hacken. Olivenöl in einer beschichteten Pfanne oder in einem Wok erhitzen, Frühlingszwiebeln und Knoblauch darin unter Rühren 2–3 Min. anbraten.

**2**  Kichererbsen abtropfen lassen, mit TK-Suppengemüse dazugeben und unter Rühren weitere 3–4 Min. dünsten. Brühe angießen und aufkochen lassen. Den Couscous unterheben, mit Kreuzkümmel, Koriander und Chilipulver würzen. Pfanne vom Herd nehmen, alles zugedeckt 5–6 Min. quellen lassen.

**3**  Gemüse-Couscous mit Salz und Pfeffer abschmecken und gleich servieren.

**AUCH SCHÖN**  2 EL Mandelstifte in einer trockenen Pfanne kurz rösten und über den Couscous streuen

# russischer sauerkrauttopf

100 g Champignons
100 g Rinderfilet
2 Scheiben gekochter Schinken (ca. 50 g)
2 EL Öl
1 Dose 3-Minuten-Sauerkraut (Abtropfgewicht 375 g)
400 ml Gemüsebrühe
Salz | Pfeffer
2 EL cremige saure Sahne
Zucker

Für 2 Personen
Pro Portion ca. 265 kcal, 21 g EW, 15 g F, 8 g KH

**1** Die Champignons putzen und quer in feine Scheiben schneiden. Fleisch und Schinken (ohne Fettrand) in feine Streifen schneiden.

**2** Das Öl in einem Topf erhitzen, Fleisch- und Schinkenstreifen darin unter Rühren bei mittlerer Hitze 2–3 Min. anbraten. Die Champignons dazugeben und unter Rühren 2-3 Min. weiterbraten.

**3** Das Sauerkraut und die Brühe gut untermischen. Den Eintopf mit Salz und Pfeffer würzen und bei mittlerer Hitze 5-6 Min. köcheln lassen.

**4** Die saure Sahne verrühren und mit Salz und 1 Prise Zucker abschmecken. Den Sauerkrauttopf auf Teller verteilen und mit je 1 Klecks Sahne anrichten.

**SCHÖN DAZU** Kartoffelwürfel (s. S. 85) oder vorgebackene Blinis aus dem Kühlregal

# minestrone mit nudeln

1 kleine Zwiebel
50 g Räucherspeck
1 Knoblauchzehe
600 ml Gemüsebrühe
250 g gemischtes TK-Gemüse
80 g kleine Suppennudeln
1–2 EL Tomatenmark
Salz | Pfeffer
2 EL frisch geriebener Parmesan

Für 2 Personen
Pro Portion ca. 280 kcal, 17 g EW, 6 g F, 39 g KH

**1** Zwiebel schälen, mit dem Speck klein würfeln. Beides in einem breiten Topf bei mittlerer Hitze leicht anbraten. Knoblauch schälen und dazupressen. Brühe angießen, das Gemüse und die Nudeln einrühren. Alles rasch aufkochen, dann halb zugedeckt bei mittlerer Hitze knapp 10 Min. leise kochen lassen.

**2** Tomatenmark einrühren und die Suppe mit Salz und Pfeffer abschmecken. In tiefe Teller füllen und mit Parmesan bestreut servieren.

MITTELMEER-WÜRZIG

# calamari mit gemüse

200 g TK-Tintenfischringe (naturell)
1 weiße Zwiebel (ca. 150 g)
1 Knoblauchzehe
1 EL Olivenöl
1 kleine Dose geschälte Tomaten (400 g)
50 ml Gemüsebrühe
150 g TK-Erbsen
3 EL Ayvar (Paprikapüree, aus dem Glas)
Salz | Pfeffer
2 EL TK-Basilikum
1 EL Aceto balsamico
1 EL Zitronensaft

Für 2 Personen
Pro Portion ca. 265 kcal, 25 g EW, 8 g F, 22 g KH

**1** Tintenfische in einem Sieb abspülen und abtropfen lasssen. Zwiebel schälen, halbieren und längs in feine Spalten schneiden. Knoblauch schälen und fein hacken. Öl erhitzen und beides darin 3 Min. dünsten.

**2** Die Tomaten dazugeben und leicht zerdrücken. Die Brühe angießen, Erbsen und Tintenfischringe unterrühren. Mit Ayvar, Salz und Pfeffer würzen und alles bei mittlerer Hitze 8–10 Min. kochen lassen.

**3** Basilikumblättchen, Essig und Zitronensaft dazugeben, mit Salz und Pfeffer abschmecken.

FÜR TEX-MEX-FANS

# tortilla-topf

700 ml Gemüsebrühe
1 Dose Maiskörner (Abtropfgewicht 285 g)
100 g geröstete, rote Paprikaschoten (aus dem Glas)
80 g Champignons
1–2 EL Limettensaft
2 TL Sambal Oelek
Salz | Pfeffer
1 Knoblauchzehe
250 g Rinderhackfleisch
1 Ei | 2 EL Semmelbrösel
1 kleine reife Avocado (ca. 250 g)
1 EL Limettensaft (nach Belieben)
1 Tortilla-Wrap
1 EL Öl

Für 2 Personen
Pro Portion ca. 750 kcal, 40 g EW, 50 g F, 31 g KH

**1** Die Brühe in einem Topf erhitzen. Mais in ein Sieb gießen, kurz kalt abspülen und abtropfen lassen. Paprikaschoten auf Küchenpapier abtropfen lassen und grob würfeln. Champignons putzen, längs in feine Scheiben schneiden. Alles mit 1 EL Limettensaft, 1 TL Sambal Oelek und je 1 Msp. Salz und Pfeffer zur Brühe geben, bei mittlerer Hitze 3–4 Min. kochen lassen.

**2** Inzwischen den Knoblauch schälen und fein hacken. Hackfleisch mit Ei, Knoblauch, 1 TL Sambal Oelek, 2 EL Semmelbröseln, Salz und Pfeffer verkneten. Mit angefeuchteten Händen kleine Bällchen formen, in den Topf geben und 4–5 Min. garen.

**3** Die Avocado längs halbieren und den Kern entfernen. Das Fruchtfleisch schälen, grob würfeln und nach Belieben mit Limettensaft beträufeln. Zur Suppe geben.

**4** Den Wrap in Streifen schneiden und mit 1 EL Öl in einer beschichteten Pfanne bei mittlerer Hitze unter Rühren 2–3 Min. braten. Die Suppe in tiefe Teller schöpfen und mit den Tortillastreifen anrichten.

# wirsingtopf mit käse und reis

½ Wirsingkopf (ca. 300 g)
1 Zwiebel (ca. 100 g)
1 Knoblauchzehe
3 Scheiben Parmaschinken (ca. 60 g)
2 EL Olivenöl
¼ l Gemüsebrühe
2 EL Balsamico bianco
Salz | Pfeffer
Muskatnuss, frisch gerieben
1 Beutel Express Langkornreis (Fertigprodukt 250 g)
2 EL frisch geriebener Parmesan
3 EL fein gehackte TK-Petersilie

Für 2 Personen
Pro Portion ca. 405 kcal, 18 g EW, 16 g F, 45 g KH

**1**  Den Wirsing noch einmal halbieren, vom Strunk befreien und quer in feine Streifen schneiden. In einem Sieb kurz kalt abspülen und abtropfen lassen. Zwiebel schälen, längs halbieren und in feine Streifen schneiden. Knoblauch schälen. Schinkenscheiben übereinanderlegen und quer in feine Streifen schneiden.

**2**  Olivenöl in einem Topf erhitzen, Zwiebel und Schinken darin bei mittlerer Hitze unter Rühren 3 Min. braten. Knoblauch dazupressen. Den Wirsing 2 Min. mitdünsten. Brühe und Essig untermischen, kräftig mit Salz, Pfeffer und Muskat würzen und 3 Min. kochen.

**3**  Reis, Parmesan und Petersilie untermischen und noch 4 Min. garen. Mit Salz und Pfeffer abschmecken.

**NOCH SCHNELLER**
... geht's mit TK-Rahmwirsing.

# gulasch mit oliven

1 Dose Hausmacher-Gulasch (400 g)
60 g grüne Oliven mit Paprikafüllung (aus dem Glas)
1 Bio-Zitrone
1 große Tomate
1 Gläschen kleine Kapern (20 g Abtropfgewicht)
1 TL Sardellenpaste
1 Msp. Harissa (Chilipaste)
2 EL trockener Rotwein (ersatzweise 1 EL Rotweinessig)

Für 2 Personen
Pro Portion ca. 310 kcal, 32 g EW, 17 g F, 6 g KH

**1**  Das Gulasch in einem Topf bei schwacher Hitze erwärmen. Die Oliven in Scheiben schneiden. Zitrone heiß abwaschen und ½–1 TL Schale abreiben. Die Tomate waschen und halbieren, Stielansatz und Kerne entfernen. Tomate grob würfeln.

**2**  Oliven, Zitronenschale, Tomate, Kapern samt Flüssigkeit, Sardellenpaste und Harissa unter das Gulasch rühren. Die Fleischstückchen mit einer Gabel etwas zerkleinern, den Wein dazugießen und alles bei schwacher Hitze 3–4 Min. leise kochen lassen.

**AUCH SCHÖN**  statt Dosengulasch 200 g gewürfeltes Rinder- oder Schweinefilet mit 1 EL Olivenöl anbraten, 200 ml passierte Tomaten zugeben, 3–4 Min. garen, dann wie oben beschrieben weiterkochen.

SCHWEDEN LÄSST GRÜSSEN

# fischtopf

1 Stange Lauch
3 Frühlingszwiebeln
300 g festkochende Kartoffeln
2 EL Öl | 200 g Gemüsebrühe | 100 g Sahne
1 TL abgeriebene Schale einer Bio-Zitrone
1–2 EL Zitronensaft | 1 EL Dijonsenf
Salz | Pfeffer | Muskatnuss, frisch gerieben
150 g Zanderfilet (oder anderer Fisch mit weißem
   Fleisch) | 3 EL TK-Schnittlauchröllchen

Für 2 Personen
Pro Portion ca. 435 kcal, 21 g EW, 27 g F, 25 g KH

**1** Lauch und Frühlingszwiebeln putzen, waschen und schräg in feine Ringe schneiden. Kartoffeln schälen, waschen, vierteln und in feine Scheiben schneiden. Öl in einem Topf erhitzen, Gemüse und Kartoffeln darin unter Rühren bei mittlerer Hitze 3–4 Min. andünsten. Brühe und Sahne angießen, mit Zitronenschale, 1 EL Zitronensaft, 1 EL Senf, Salz, Pfeffer und Muskat würzen. Alles bei mittlerer Hitze 5–6 Min. kochen lassen.

**2** Den Fisch waschen, trocken tupfen, in etwa 1 cm breite Streifen schneiden und in den Topf geben. Alles mischen und bei schwacher Hitze 3–4 Min. kochen. Den Fischtopf mit Salz, Pfeffer, Muskat und Zitronensaft abschmecken. Schnittlauchröllchen untermischen.

AUCH FÜR GÄSTE

# asia-topf mit garnelenspießen

1 Stück frischer Ingwer (ca. 2 cm)
1 Knoblauchzehe
2 EL Öl
400 ml Gemüsebrühe
6 EL Sojasauce
4 EL Limettensaft
1 dünne Stange Lauch (ca. 150 g)
1 kleine Bio-Salatgurke (ca. 150 g)
1 Packung Express Basmati-Reis (250 g)
8 Party-Gambas (ca. 100 g; Kühlregal)
2 Holz-Schaschlikspieße

Für 2 Personen
Pro Portion ca. 415 kcal, 19 g EW, 16 g F, 49 g KH

**1** Ingwer und Knoblauch schälen und fein hacken. Das Öl in einem Topf erhitzen, Ingwer und Knoblauch darin bei mittlerer Hitze unter Rühren 2–3 Min. andünsten. Gemüsebrühe sowie 3 EL Sojasauce und 2 EL Limettensaft gut unterrühren.

**2** Den Lauch putzen, der Länge nach vierteln und waschen. Den größten Teil in Stücke schneiden. Gurke waschen und längs halbieren, die Kerne mit einem Teelöffel herauskratzen und die Gurkenhälften in feine Scheiben schneiden.

**3** Lauch und Gurke zur Brühe geben, bei mittlerer Hitze 2 Min. garen. Den Reis dazugeben und 4 Min. mitgaren.

**4** Während die Suppe gart, die Gambas waschen und mit Küchenpapier trocken tupfen. Restlichen Lauch in feine Streifen schneiden. Je 4 Gambas hintereinander auf einen Schaschlikspieß stecken. 1 EL Öl in einer beschichteten Pfanne erhitzen, die Spießchen darin bei mittlerer Hitze 3–4 Min. braten, dabei einmal wenden. 3 EL Sojasauce und 2 EL Limettensaft mischen und auf zwei Schälchen verteilen. Asia-Topf mit Lauchstreifen, Garnelenspießchen und Soja-Dip servieren.

# chinesischer hühnertopf

½ l Gemüsebrühe
450 g asiatische TK-Gemüsemischung
2 Frühlingszwiebeln
1 Knoblauchzehe | 1 rote Chilischote
250 g Hähnchenbrustfilet
50 g Glasnudeln | 2–3 EL Sojasauce
1 EL Zitronensaft | Pfeffer

Für 2 Personen
Pro Portion ca. 305 kcal, 35 g EW, 5 g F, 34 g KH

**1** Die Brühe erhitzen, das TK-Gemüse dazugeben, die Brühe wieder zum Kochen bringen und 3–4 Min. kochen lassen. Frühlingszwiebeln putzen, waschen und schräg in 1 cm breite Stücke schneiden. Knoblauch schälen und fein hacken. Chili waschen, vom Stielansatz befreien und in feine Ringe schneiden. Hähnchenfilet waschen, trocken tupfen und in ca. 1½ cm große Stücke schneiden. Alles zur Brühe geben und weitere 6–8 Min. kochen lassen.

**2** Inzwischen die Glasnudeln in einer Schüssel mit ¼ l kochendem Wasser übergießen und 3–4 Min. ziehen lassen. In ein Sieb abgießen, kalt abspülen und mit einer Küchenschere in mundgerechte Stücke schneiden. Nudeln unter den Hühnertopf mischen. Alles mit Sojasauce, Zitronensaft und Pfeffer kräftig abschmecken.

# bollito misto

½ Stange Lauch (ca. 100 g)
80 g Stangensellerie
1 Möhre (ca. 100 g)
800 ml Gemüsebrühe
1 Hähnchenbrustfilet (ca. 120 g)
2 Scheiben Schweinefilet (à ca. 60 g)
2 Scheiben Rinderfilet (à ca. 60 g)
2–4 EL Pesto genovese (aus dem Glas;
    Menge nach Belieben)

Für 2 Personen
Pro Portion ca. 355 kcal, 42 g EW, 16 g F, 6 g KH

**1** Lauch putzen, waschen und schräg in 1 cm dicke Scheiben schneiden. Sellerie putzen, waschen und schräg in 1 cm breite Stücke schneiden. Möhre schälen und schräg in Scheiben schneiden.

**2** Gemüsebrühe in einem Topf aufkochen lassen. Das Gemüse darin bei mittlerer Hitze 3–4 Min. garen.

**3** Hähnchenfleisch waschen, Haut und Sehnen entfernen und das Fleisch in mundgerechte Stücke schneiden. Hähnchenbrust und Filetscheiben in die Brühe geben, alles bei schwacher Hitze in 8–10 Min. gar ziehen lassen.

**4** Fleisch und Gemüse mit je 3–4 EL Brühe auf tiefen Tellern anrichten. Das Kräuter-Pesto dazu servieren.

**AUCH SCHÖN** Pesto selber machen. Dafür 2 Handvoll Basilikumblättchen, 1 Handvoll Petersilienblättchen, 3 Sardellenfilets, 1 geschälte Knoblauchzehe, 2 EL geröstete Pinienkerne, 2 EL Kapern, 3 EL Olivenöl und 1 EL Zitronensaft im Mixer fein pürieren. Nach Geschmack mit Salz, Pfeffer und Zucker würzen.

# tomaten-kokos-suppe mit garnelen

1 kleine Dose Kokosmilch (250 ml, nicht geschüttelt!)
1 Dose Pizzatomaten (400 g)
200 g Party-Gambas (Kühlregal)
1 Bio-Orange
Salz | Zucker | Chilipulver

Für 2 Personen
Pro Portion ca. 165 kcal, 22 g EW, 2 g F, 13 g KH

**1** Von der Kokosmilch 2 EL dicke Kokossahne für die Deko abnehmen. Restliche Kokosmilch mit den Tomaten und 4 EL Wasser in einen Topf geben. Orange heiß abwaschen, trocken reiben und mit dem Zestenreißer 1 EL Schale abziehen, restliche Schale abreiben. Orange halbieren und auspressen. Orangensaft und -schale mit den Garnelen mischen.

**2** Die Tomaten-Kokosmilch-Mischung aufkochen und unter gelegentlichem Rühren 3 Min. kochen. Orangen-Gambas samt Saft untermischen und bei schwacher Hitze 2. Min. weiterkochen. Suppe mit je ¼ TL Salz und Zucker sowie 1 Prise Chilipulver würzen. Mit Kokossahne und Orangenschalenzesten garniert servieren.

# marseiller bohnentopf

2 Frühlingszwiebeln
1 Knoblauchzehe
1 kleiner Zucchino (ca. 100 g)
2 EL Olivenöl
1 Dose rote Kidneybohnen (Abtropfgewicht 250 g)
1 Dose weiße Riesen-Bohnen (Abtropfgewicht 240 g)
1 kleine Dose Tomaten (400 g)
¼ l Gemüsebrühe
2 Handvoll Basilikumblättchen
2 EL Aceto balsamico
1 TL Harissa (Chilipaste)
Salz | Pfeffer
getrockneter Thymian

Für 2 Personen
Pro Portion ca. 365 kcal, 17 g EW, 12 g F, 47 g KH

**1** Die Frühlingszwiebeln putzen, waschen und in feine Ringe schneiden. Den Knoblauch schälen und fein hacken. Den Zucchino putzen, waschen, längs halbieren und in feine Scheiben schneiden. Das Öl in einem Topf erhitzen, alles Gemüse darin bei mittlerer Hitze unter Rühren 3–4 Min. braten.

**2** Beide Bohnensorten zusammen in ein Sieb abgießen, kurz kalt abspülen und abtropfen lassen. Bohnen mit Dosentomaten in den Topf geben. Die Tomaten mit einer Gabel grob zerkleinern.

**3** Die Brühe angießen. 1 Handvoll Basilikum in feine Streifen schneiden, mit Essig und Harissa zum Gemüse geben. Alles mit Salz, Pfeffer und Thymian kräftig würzen und bei mittlerer Hitze 6–8 Min. kochen lassen.

**4** Den Bohnentopf mit Salz und Pfeffer nochmals abschmecken. Mit den restlichen Basilikumblättchen bestreuen und servieren.

VEGETARISCH

# blumenkohl-erbsen-curry

400 g TK-Blumenkohl
150 g TK-Erbsen
2 Zwiebeln (ca. 100 g )
1 Knoblauchzehe
1 kleine Dose Kokosmilch (200 ml, ungeschüttelt!)
1 EL Currypulver
2 EL Zitronensaft
Salz | Pfeffer
2 EL TK-Petersilie

Für 2 Personen
Pro Portion ca. 165 kcal, 11 g EW, 3 g F, 28 g KH

**1**   Blumenkohl und Erbsen aus der Packung nehmen. Die Zwiebeln schälen, halbieren und längs in feine Spalten schneiden. Den Knoblauch schälen und fein hacken. Von der Kokosmilch 3 EL feste Kokossahne abnehmen und in einem Topf erhitzen. Zwiebeln mit Currypulver darin 3 Min. braten.

**2**   Den Blumenkohl dazugeben und 5 Min. mitbraten. Erbsen, restliche Kokosmilch und Knoblauch einrühren und zugedeckt 5 Min. schmoren. Mit Zitronensaft, Salz und Pfeffer würzen. Mit Petersilie bestreut servieren.

SOMMERLICH

# tomaten-zucchini-topf

1 Knoblauchzehe
1 weiße Zwiebel (ca. 150 g)
50 g Parmaschinken (in Scheiben)
2 EL Olivenöl
2 Zucchini (ca. 200 g)
120 g geröstete, rote Paprikaschoten (aus dem Glas)
1 kleine Dose Tomaten (400 g)
100 ml Gemüsebrühe
Salz | Pfeffer
Muskatnuss, frisch gerieben
3 EL TK-Petersilie

Für 2 Personen
Pro Portion ca. 210 kcal, 10 g EW, 12 g F, 13 g KH

**1**   Den Knoblauch schälen und fein hacken. Die Zwiebel schälen, längs halbieren und in feine Spalten schneiden. Den Schinken quer in feine Streifen schneiden. Olivenöl in einem Topf erhitzen, alles darin bei mittlerer Hitze unter Rühren 2–3 Min. anbraten. Die Zucchini putzen, waschen, längs halbieren und in feine Scheiben schneiden. In den Topf geben, alles unter Rühren 2–3 Min. weiterbraten.

**2**   Die Paprikaschoten auf Küchenpapier abtropfen lassen und quer in feine Streifen schneiden. Paprika und Dosentomaten in den Topf geben, die Tomaten im Topf leicht zerdrücken. Die Brühe angießen. Alles mit Salz, Pfeffer und Muskat würzen. Den Eintopf bei mittlerer Hitze 5–6 Min. kochen lassen.

**3**   Petersilie zum Tomaten-Zucchini-Topf geben, noch einmal abschmecken.

ALLES
AUS EINER PFANNE

# ALLES AUS EINER PFANNE

*Fürs schnelle Kochen bestens geeignet: je eine beschichtete Pfanne in Groß und Klein und eine leichte, beschichtete Wokpfanne. Hier bleibt beim Anbraten nichts kleben – und sie sind ohne großes Scheuern und Einweichen auch im Handumdrehen wieder sauber!*

## DIE SINGLEVARIANTE

Ideal für die 1-Mann-(bzw. Frau-)Küche: Rezeptzutaten einfach halbieren und in einer kleinen Pfanne zubereiten. Der Turbo-Vorteil: Wer weniger Zutaten putzen und schnippeln muss, kann schneller kochen …

## DAS KOMPLETT-PAKET

Viele unserer Pfannenrezepte sind gleich »komplette« Mahlzeiten, also schon mit Beilagen wie Reis, Nudeln oder Kartoffeln. Und zu allen anderen kann man aus unserem Beilagenangebot von Spargel-Wildreis bis Kartoffelschnee oder Pizza-Ecken etwas Passendes auswählen. Oder man isst einfach frisches Baguette dazu.

## LECKERE PFANNEN-TOPPINGS

… sind geröstete Brot-Croûtons, Omelettstreifen, geröstete Nüsse, Kerne oder Kokosflocken, Sprossen, fein gehackte Kräuter, Frühlingszwiebel- oder Peperoniringe. Auch schön: Ein Pfannengericht zusätzlich mit einem Klecks Asien-, Mexiko- oder Orient-Dip aufpeppen. Die Rezepte dazu finden Sie gleich auf der gegenüberliegenden Seite.

# blitzrezepte für raffinierte dips

## ASIA-DIP

Für 2 Personen 3 EL Pflaumenmus (Fertigprodukt) mit 2 EL Sojasauce, je 1 EL Limetten- und Orangensaft, 1 TL Sambal Oelek und 2–3 Prisen gemahlenem Ingwer mischen.

## ORIENT-DIP

Für 2 Personen 3 EL griechischen Joghurt mit 1 geschälten und fein gehackten Knoblauchzehe, 2 EL Zitronensaft, je 1 Msp. Salz, Cayennepfeffer, Kurkuma, Kreuzkümmel, Ingwer und Piment (alles gemahlen) mischen.

## MEXIKO-DIP

Für 2 Personen 150 g Avocado-Fruchtfleisch grob würfeln, mit 1 EL feurigem Ayvar (Paprikapüree; aus dem Glas), 1 EL Joghurt, 1–2 EL Limettensaft, Salz und Cayennepfeffer in einen hohen Rührbecher geben, alles fein pürieren.

NUDELN MAL SPANISCH

# pasta-paella

1 Zwiebel (ca. 100 g) | 1 EL Olivenöl
1 Packung TK-Pfannengemüse »Italienisch« (400 g)
1 kleine Dose geschälte Tomaten (400 g)
¼ l Gemüsebrühe
150 g sehr kleine Pasta (z. B. Ditalini)
1 Döschen gemahlener Safran (0,1 g)
2 EL Ayvar (Paprikapüreee; aus dem Glas)
Salz | Pfeffer | 2–3 EL Zitronensaft

Für 2 Personen
Pro Portion ca. 540 kcal, 15 g EW, 18 g F, 78 g KH

**1** Zwiebel schälen und fein hacken. Öl in einer Pfanne erhitzen, Zwiebel darin bei mittlerer Hitze unter Rühren braten. Gemüse dazugeben und 2–3 Min. mitdünsten.

**2** Dosentomaten mit Saft und Brühe dazugeben. Tomaten mit einer Gabel leicht zerdrücken. Nudeln untermischen, mit Safran, Ayvar, Salz und Pfeffer würzen.

**3** Alles bei schwacher Hitze 10–12 Min. (je nach Garzeit der Nudeln, siehe Packungsangabe) kochen, dabei mehrmals gut durchrühren. Zitronensaft untermischen, mit Salz und Pfeffer abschmecken, glatt streichen und in der Pfanne servieren.

ORANGEN-FEIN

# tomaten-paprika-pfanne

2 Putenschnitzel (ca. 250 g)
Salz | Cayennepfeffer
1 Knoblauchzehe
2 EL Olivenöl
120 g geröstete, rote Paprikaschoten (aus dem Glas)
60 g eingelegte getrocknete Tomaten
60 ml Gemüsebrühe
60 ml trockener Weißwein (ersatzweise Brühe)
2 EL Ayvar (Paprikapüree; aus dem Glas)
½ Bio-Orange
½ Packung Express Basmati-Reis (125 g)

Für 2 Personen
Pro Portion ca. 410 kcal, 33 g EW, 19 g F, 25 g KH

**1** Fleisch waschen, trocken tupfen und quer in knapp 1 cm breite Streifen schneiden. Kräftig mit Salz und Cayennepfeffer würzen. Knoblauch schälen und fein hacken. Olivenöl in einer beschichteten Pfanne erhitzen, Putenstreifen und Knoblauch darin unter Rühren bei mittlerer Hitze 3–4 Min. anbraten.

**2** Paprikaschoten und Tomaten auf Küchenpapier abtropfen lassen. Quer in Streifen schneiden und gut unter das Fleisch in der Pfanne mischen. Brühe und Wein angießen und das Ayvar untermischen. Alles mit Salz und Cayennepfeffer würzen und bei mittlerer Hitze 3–4 Min. kochen.

**3** Die Orange waschen und abtrocknen, 1 TL Schale fein abreiben. Die Orangenhälfte auspressen.

**4** 1 TL Orangenschale und 3–4 EL Orangensaft sowie den Reis in die Pfanne geben und alles gut mischen. Die Pfanne 3–4 Min. kochen lassen und mit Salz und Cayennepfeffer abschmecken.

ITALIENISCHE «SPÄTZLE»

# gnocchi-zwiebel-pfanne

400 g Gnocchi (Kühlregal) | Salz
1 weiße Zwiebel (ca. 150 g)
2 EL Mehl | 2 EL Öl | 50 g Sahne
50 ml Gemüsebrühe
1 TL Dijonsenf
50 g geriebener Emmentaler
Pfeffer | Muskatnuss, frisch gerieben
2 EL Schnittlauchröllchen (TK)

Für 2 Personen
Pro Portion ca. 590 kcal, 16 g EW, 27 g F, 72 g KH

**1** Gnocchi nach Packungsangabe in kochendem Salzwasser garen. Dann abgießen und abtropfen lassen.

**2** Inzwischen Zwiebel schälen, in feine Ringe schneiden, salzen und mit Mehl bestäuben. 2 EL Öl in einer Pfanne erhitzen, Zwiebeln darin in 4–5 Min. goldbraun braten. Mehrmals wenden, dann herausnehmen.

**3** Zugleich in einer zweiten Pfanne Sahne, Brühe und Senf 2–3 Min. kochen. Käse und Gnocchi dazugeben, kräftig mit Salz, Pfeffer und Muskat würzen. 3–4 Min. ziehen lassen, mit Zwiebeln und Schnittlauch servieren.

ZART UND WÜRZIG

# gnocchi-pfanne mit grünem spargel

2 Frühlingszwiebeln
250 g grüner Spargel
Salz
400 g Gnocchi (Kühlregal)
2 EL Olivenöl
80 g cremiger Gorgonzola
100 g Cocktailtomaten
2 EL TK-Petersilie
Pfeffer
2 EL frisch geriebener Parmesan

Für 2 Personen
Pro Portion ca. 570 kcal, 20 g EW, 26 g F, 63 g KH

**1** Frühlingszwiebeln putzen, waschen und schräg in feine Scheiben schneiden. Spargel waschen und die Enden großzügig abschneiden. Die Stangen schräg in feine Scheiben schneiden.

**2** Salzwasser aufkochen lassen, Gnocchi darin nach Packungsangabe garen. In ein Sieb abgießen und abtropfen lassen.

**3** Gleichzeitig Olivenöl in einer beschichteten Pfanne erhitzen, Frühlingszwiebeln und Spargel darin bei mittlerer Hitze unter Rühren 5–6 Min. dünsten. Gorgonzola gut untermischen und bei schwacher Hitze 3–4 Min. kochen lassen, bis der Käse schmilzt.

**4** Während der Spargel gart, die Tomaten waschen und vierteln, Stielansätze entfernen. Abgetropfte Gnocchi, Petersilie und Tomaten unter den Spargel mischen. Alles mit Salz und Pfeffer würzen, mit Parmesan bestreuen und servieren.

# chili-pfanne

4 Frühlingszwiebeln
je 1 kleine rote und orange Paprikaschote
1 EL Olivenöl
200 g Rinderhackfleisch
Salz | Pfeffer
1 Dose Kidneybohnen (Abtropfgewicht 240 g)
1 kleine Dose Tomaten (400 g) | 150 ml Gemüsebrühe
1 EL Chilipulver
4 EL geriebener Käse (z. B. Cheddar)

Für 2 Personen
Pro Portion ca. 525 kcal, 39 g EW, 27 g F, 31 g KH

**1** Frühlingszwiebeln putzen, waschen und in feine Ringe schneiden. 2 EL Grün beiseitelegen. Paprika waschen, vierteln, putzen und fein würfeln. Öl in einer beschichteten Pfanne erhitzen, alles darin unter Rühren anbraten. Hackfleisch bei mittlerer Hitze unter Rühren 4 Min. mitbraten. Mit Salz und Pfeffer würzen.

**2** Bohnen in ein Sieb abgießen, kalt abspülen und abtropfen lassen. Mit Tomaten und Brühe zum Hackfleisch geben. Tomaten zerdrücken. Alles kräftig mit Salz, Pfeffer und Chilipulver würzen, gut mischen und bei mittlerer Hitze 5–6 Min. kochen lassen. Das Chili mit Zwiebelgrün und Cheddar servieren.

# cajun-gemüsepfanne

3 Frühlingszwiebeln
1 Zwiebel (ca. 100 g)
1 Knoblauchzehe
1 EL Olivenöl
80 g Stangensellerie
1 rote oder orange Paprikaschote (ca. 150 g)
150 ml Gemüsebrühe
Salz | gemahlener Kreuzkümmel
je 1 TL Sambal Oelek und Dijonsenf
1–2 EL Limettensaft
125 g Instant-Couscous

Für 2 Personen
Pro Portion ca. 300 kcal, 9 g EW, 7 g F, 50 g KH

**1** Frühlingszwiebeln putzen, waschen und in feine Ringe schneiden. Zwiebel schälen, halbieren und längs in feine Spalten schneiden. Knoblauch schälen und fein hacken. Öl in einer beschichteten Pfanne erhitzen, alles darin unter Rühren 2–3 Min. anbraten.

**2** Inzwischen Sellerie putzen, waschen und schräg in feine Scheiben schneiden. Paprikaschote waschen, längs vierteln, putzen und quer in Streifen schneiden. Gemüse zu den Zwiebeln in die Pfanne geben, bei mittlerer Hitze unter Rühren 3–4 Min. mitbraten.

**3** Die Brühe angießen, mit Salz, 2–3 Prisen Kreuzkümmel, Sambal Oelek, Senf und 1 EL Limettensaft würzen. Alles bei schwacher Hitze 4–5 Min. kochen lassen.

**4** Gleichzeitig den Couscous in einer Schüssel mit 150 ml kochendem Wasser übergießen, gut mischen und 4–5 Min. quellen lassen.

**5** Couscous unter die Gemüse-Pfanne mischen, mit Salz, Sambal Oelek und Limettensaft abschmecken.

# ungarische reispfanne

150 g Schweinefilet | Salz | Pfeffer
1 Knoblauchzehe | 2 EL Olivenöl
1 kleine Möhre | ½ Stange Lauch (ca. 120 g)
300 ml Gemüsebrühe
2 EL feuriges Ayvar (Paprikapüree, aus dem Glas)
100 g TK-Erbsen | edelsüßes Paprikapulver
½ Packung Express Langkornreis (125 g)
1 EL Zitronensaft

Für 2 Personen
Pro Portion ca. 335 kcal, 24 g EW, 14 g F, 32 g KH

**1**  Schweinefilet quer in Scheiben, diese längs in feine Streifen schneiden. Kräftig mit Salz und Pfeffer würzen. Knoblauch schälen und fein hacken. Öl in einer Pfanne erhitzen, Fleisch und Knoblauch darin bei mittlerer Hitze unter Rühren 3 Min. anbraten. Möhre schälen, längs halbieren und in feine Scheiben schneiden. Lauch putzen, waschen und in feine Ringe schneiden. Gemüse zum Fleisch geben, unter Rühren 3–4 Min. mitbraten.

**2**  Brühe, Ayvar, Erbsen dazugeben, alles mit Salz, Pfeffer, Paprikapulver und Zitronensaft würzen. Reis untermischen und alles 4–5 Min. weiterkochen lassen.

# reispfanne mit honig-hähnchen

250 g Hähnchenbrustfilet
Salz | Cayennepfeffer
1 EL Honig
4 Frühlingszwiebeln
2 EL Öl
2 EL geschälte ganze Mandeln
2 EL Rosinen
2 EL trockener Sherry (nach Belieben)
50 ml Gemüsebrühe
½ Packung Express Basmati-Reis (125 g)

Für 2 Personen
Pro Portion ca. 435 kcal, 34 g EW, 18 g F, 36 g KH

**1**  Hähnchenbrustfilet kalt abspülen, mit Küchenpapier trocken tupfen und quer in feine Streifen schneiden. Die Hähnchenstreifen mit Salz, Cayennepfeffer und 1 EL Honig mischen.

**2**  Frühlingszwiebeln putzen, waschen und schräg in Scheiben schneiden. Das Grün beiseitelegen.

**3**  Öl in einer beschichteten Pfanne erhitzen, Hähnchenstreifen darin bei mittlerer Hitze 3 Min. unter Rühren braten. Frühlingszwiebeln und Mandeln dazugeben, 2 Min. weiterbraten.

**4**  Rosinen, Sherry und Brühe dazugeben und den Reis untermischen. Kräftig mit Salz und Cayennepfeffer würzen, bei schwacher Hitze noch 4 Min. kochen lassen, dabei 1- bis 2-mal durchrühren. Das Zwiebelgrün grob schneiden und unter die Pfanne heben.

LEICHT UND LECKER

# scharfe putenpfanne

Salz | 125 g Mie-Nudeln
2 Putenschnitzel (ca. 300 g)
Cayennepfeffer | 2 EL Öl | 2 EL Cashewnusskerne
3 Frühlingszwiebeln | 1 rote Paprikaschote
¼ Chinakohl (ca. 150 g) | 2 cm Ingwer
je 2 EL Sojasauce und süßscharfe Chilisauce

Für 2 Personen
Pro Portion ca. 570 kcal, 48 g EW, 18 g F, 35 g KH

**1**  Nudeln nach Packungsangabe zubereiten, in einem Sieb abtropfen lassen. Inzwischen Schnitzel waschen, trocken tupfen, längs halbieren, in Streifen schneiden, mit Salz und Cayennepfeffer würzen. 1 EL Öl erhitzen, Fleisch und Cashews darin bei mittlerer Hitze unter Rühren 3–4 Min. braten, abgedeckt beiseitestellen.

**2**  Während das Fleisch brät, die Frühlingszwiebeln putzen, waschen, längs halbieren und in 3 cm lange Stücke schneiden. Paprika vierteln, putzen, waschen und in feine Streifen schneiden. Kohl putzen, vom Strunk befreien und in ca. 2 cm große Quadrate schneiden. Ingwer schälen und fein würfeln. 1 EL Öl erhitzen und alles darin bei mittlerer Hitze unter Rühren 3–4 Min. braten. Fleisch, Nüsse und Nudeln untermischen, mit Soja- und Chilisauce würzen. 3–4 Min. unter Rühren weiterbraten, mit Salz und Cayennepfeffer abschmecken.

FEIN | KLASSIKER

# sauerkrautpfanne mit schweinefilet

1 Zwiebel (ca. 100 g)
150 g Schweinefilet
1 EL Öl
1 kleine Dose Sauerkraut (Abtropfgewicht 285 g)
200 ml Gemüsebrühe
2 EL Tomatenmark
2 EL feuriges Ayvar (Paprikapüree; aus dem Glas)
Salz | Pfeffer
edelsüßes Paprikapulver
gemahlener Kümmel | Zucker
2 EL Crème fraîche

Für 2 Personen
Pro Portion ca. 260 kcal, 19 g EW, 13 g F, 11 g KH

**1**  Die Zwiebel schälen, halbieren und längs in feine Spalten schneiden. Das Schweinefleisch erst in Scheibchen, diese längs in Streifen schneiden. Öl in einer beschichteten Pfanne erhitzen, Zwiebel und Filetstreifen darin unter Rühren bei mittlerer Hitze 3–4 Min. braten.

**2**  Sauerkraut, Brühe, Tomatenmark und Ayvar dazugeben, alles gut mischen und mit Salz, Pfeffer, Paprikapulver und Kümmel sowie 1–2 Prisen Zucker würzen. Alles bei mittlerer Hitze 5–6 Min. kochen lassen.

**3**  Die Crème fraîche untermischen und die Pfanne mit Salz und Pfeffer abschmecken.

**SCHÖN DAZU**  Kartoffelschnee (s. S. 85) oder Schupfnudeln aus dem Kühlregal

SOMMERLICH

# tomaten-omelett

4 Eier (M) | 2 EL Crème fraîche
40 g geriebener Käse (z.B. Emmentaler oder Gouda)
Salz | Pfeffer
100 g Cocktailtomaten
1 Handvoll Basilikumblättchen
2 EL Olivenöl

Für 2 Personen
Pro Portion ca. 415 kcal, 21 g EW, 35 g F, 1 g KH

**1** Den Backofen auf 100° (Umluft 80°) vorheizen. Die Eier mit Crème fraîche, Käse, Salz und Pfeffer verrühren. Die Tomaten waschen, längs halbieren und die Stielansätze entfernen. Das Basilikum waschen und mit Küchenpapier trocken tupfen.

**2** Olivenöl in einer beschichteten, ofenfesten Pfanne erhitzen. Die Eimasse hineingeben, Tomatenhälften und Basilikum dekorativ darauf verteilen und alles zugedeckt bei mittlerer Hitze 3–4 Min. braten.

**3** Die Pfanne in den Ofen (Mitte) schieben. Das Omelett noch 3–4 Min. backen. Omelett aus der Pfanne auf einen Teller gleiten lassen und in Stücke schneiden.

**AUCH SCHÖN** Omelett kalt auf Baguette servieren

FRÜHLINGSFRISCH

# spargel-möhren-pfanne

250 g grüner Spargel
250 g Möhren
3 Frühlingszwiebeln
1 Knoblauchzehe
1 Stück frischer Ingwer (etwa 2 cm )
2 EL Öl
70 ml Gemüsebrühe
2 EL Limettensaft
1–2 TL Sambal Oelek
2 EL Sojasauce
1 TL Ahornsirup
1 TL fein abgeriebene Bio-Limettenschale
Salz

Für 2 Personen
Pro Portion ca. 175 kcal, 5 g EW, 12 g F, 12 g KH

**1** Den Spargel waschen, die holzigen Enden abschneiden und die Stangen schräg in etwa ½ cm dicke Scheiben schneiden. Die Möhren schälen und putzen, erst in dünne Scheiben, diese in etwa 1 cm breite Streifen schneiden. Die Frühlingszwiebeln putzen, waschen und in etwa 1 cm lange Ringe schneiden. Knoblauch und Ingwer schälen und fein hacken.

**2** Das Öl in einer beschichteten Pfanne oder im Wok erhitzen. Spargel und Möhren darin bei mittlerer Hitze unter Rühren etwa 4 Min. braten. Zwiebeln, Ingwer und Knoblauch dazugeben, 1 Min. weiterbraten.

**3** Die Brühe mit Limettensaft, 1 TL Samba Oelek, Sojasauce und Ahornsirup verrühren, zum Gemüse geben und kräftig aufkochen lassen. Mit Limettenschale, Salz und Sambal Oelek abschmecken.

SCHARF

# ingwer-fleisch

450 g asiatische TK-Gemüsemischung
1 Knoblauchzehe | 2 Schweineschnitzel (ca. 250 g)
1 TL Zucker | 1 getrocknete Chilischote
1 großes Stück frischer Ingwer (ca. 40 g)
2 EL Öl | 2 EL helle Sojasauce

Für 2 Personen
Pro Portion ca. 315 kcal, 33 g EW, 15 g F, 16 g KH

**1** Das Gemüse aus der Packung nehmen. Den Knoblauch schälen und fein hacken. Die Schnitzel längs halbieren, dann quer in feine Streifen schneiden. Das Fleisch mit Knoblauch und Zucker mischen, die Chilischote dazubröseln. Ingwer schälen, auf der Gemüsereibe grob raspeln.

**2** 1 EL Öl in einer beschichteten Pfanne oder einer Wokpfanne erhitzen. Das Fleisch darin 2 Min. braten, herausnehmen und mit Alufolie abgedeckt beiseitestellen.

**3** 1 EL Öl in der Pfanne erhitzen, Ingwer und Gemüse darin bei mittlerer Hitze unter Rühren 4–5 Min. braten. Fleisch und Sojasauce dazugeben, noch 3–4 Min. kochen lassen. Die Fleischpfanne mit Sojasauce abschmecken.

WÜRZIG | KARIBISCH

# kubanische hähnchenpfanne

1 Knoblauchzehe
1 Zwiebel (ca. 100 g)
2 EL Olivenöl
2 Hähnchenbrustfilets (à ca. 120 g)
1 kleine Dose Tomaten (400 g)
100 g geröstete, rote Paprikaschoten (aus dem Glas)
40 g grüne Oliven (mit Paprikafüllung; aus dem Glas)
2 EL Kapern
2 EL Rosinen
50 ml Gemüsebrühe
50 ml trockener Weißwein (ersatzweise Brühe)
Salz | Cayennepfeffer
gemahlener Kreuzkümmel | Zucker

Für 2 Personen
Pro Portion ca. 335 kcal, 32 g EW, 15 g F, 18 g KH

**1** Den Knoblauch schälen und fein hacken. Die Zwiebel schälen, halbieren und längs in feine Spalten schneiden. Olivenöl in einer Pfanne oder einem Wok erhitzen, Knoblauch und Zwiebelspalten darin unter Rühren 2–3 Min. braten.

**2** Inzwischen das Hähnchenfleisch unter kaltem Wasser abrausen, mit Küchenpapier trocken tupfen, Haut und Sehnen entfernen. Das Fleisch in ca. 1½ cm große Stücke schneiden, in die Pfanne geben und unter Rühren 3–4 Min. mitbraten.

**3** Die Dosentomaten dazugeben und mit einer Gabel grob zerkleinern. Die Paprikaschoten quer in Streifen schneiden, die Oliven quer in Scheibchen schneiden. Beides mit Kapern und Rosinen in die Pfanne geben.

**4** Brühe und Wein dazugeben, kurz erwärmen und alles kräftig mit Salz, Cayennepfeffer und Kreuzkümmel sowie 1–2 Prisen Zucker würzen.

SCHMECKT AUCH KALT

# zucchini-tortilla-pfanne

1 Knoblauchzehe | 1 kleine Zwiebel
200 g Zucchini | 3 EL Olivenöl
Salz | Pfeffer | edelsüßes Paprikapulver
2 Tomaten
4 Eier | 2 EL Milch
4 EL geriebener Emmentaler oder Gouda

Für 2 Personen
Pro Portion ca. 430 kcal, 23 g EW, 34 g F, 8 g KH

**1**  Knoblauch und Zwiebel schälen, fein hacken. Zucchini putzen, waschen, in feine Scheiben hobeln. 1 EL Olivenöl in einer beschichteten Pfanne erhitzen, alles darin unter Rühren 4–5 Min. braten, mit Salz, Pfeffer und Paprika würzen und herausnehmen. Pfanne auswischen. Tomaten waschen, halbieren, von Stielansätzen und Kernen befreien und würfeln.

**2**  Eier mit Milch, Käse, Zucchini, Tomaten, Salz und Pfeffer verrühren. 2 EL Öl in der Pfanne erhitzen, Eiermischung darin zugedeckt 4–5 Min. braten.

**3**  Pfanne mit Deckel umdrehen. Die Tortilla vom Deckel vorsichtig in die Pfanne zurückgleiten lassen und die zweite Seite 2–3 Min. braten.

KLASSIKER MAL WARM

# nizza-pfanne

1 rote Zwiebel (ca. 100 g)
1 Knoblauchzehe
1 EL Olivenöl
1 EL Sardellenpaste
1 kleine Dose Tomaten (400 g)
100 ml Gemüsebrühe
100 g grüne TK-Bohnen
100 g geröstete, rote Paprikaschoten (aus dem Glas)
100 g Artischockenherzen (in Öl, aus dem Glas)
50 g schwarze Oliven (ohne Stein)
2 EL fein gehackte Basilikumblättchen
1 EL Dijonsenf
1 EL Aceto balsamico
Salz | Pfeffer

Für 2 Personen
Pro Portion ca. 220 kcal, 10 g EW, 11 g F, 20 g KH

**1**  Die Zwiebel schälen, halbieren und in feine Spalten schneiden. Knoblauch schälen und fein hacken. Das Olivenöl in einer beschichteten Pfanne erhitzen. Zwiebel, Knoblauch und Sardellenpaste darin unter Rühren bei mittlerer Hitze anbraten.

**2**  Die Dosentomaten dazugeben und mit einer Gabel leicht zerdrücken. Brühe und Bohnen in die Pfanne geben, alles gut mischen und 3–4 Min. kochen lassen.

**3**  Paprikaschoten auf Küchenpapier abtropfen lassen, quer in Streifen schneiden. Artischockenherzen ebenfalls abtropfen lassen und längs halbieren. Paprika, Artischocken, Oliven und Basilikum in die Pfanne geben. Alles kräftig mit Senf, Essig, Salz und Pfeffer würzen, noch einmal 3–4 Min. kochen lassen.

DEFTIG

# eier-reis-pfanne

2 Schweineschnitzel (ca. 250 g)
1 TL Zucker | 2–3 EL Sojasauce | ½–1 TL Chilipulver
2 Knoblauchzehen | 1 Zwiebel
2 Eier | 2 EL Öl
1 Packung Express Basmati-Reis (250 g)
2–3 TL Limettensaft
Gemüsebrühe bei Bedarf

Für 2 Personen
Pro Portion ca. 755 kcal, 41 g EW, 23 g F, 49 g KH

**1** Die Schweineschnitzel in feine Streifen schneiden, mit Zucker, 1 EL Sojasauce und ½ TL Chilipulver mischen. Knoblauch schälen und fein hacken. Zwiebel schälen, halbieren und in feine Spalten schneiden. Eier mit 1 EL Sojasauce verquirlen.

**2** 1 EL Öl in einer Pfanne erhitzen, Eier hineingießen, bei mittlerer Hitze 1–2 Min. stocken lassen, wenden und in 1–2 Min. fertig braten. Omelett aufrollen, in Röllchen schneiden. 1 EL Öl erhitzen, Knoblauch und Fleisch darin bei mittlerer Hitze unter Rühren 3 Min. braten. Zwiebeln dazugeben und 2 Min. mitbraten. Reis, Sojasauce und Limettensaft untermischen und noch 4 Min. garen, evtl. etwas Brühe dazugeben. Abschmecken und Omelettröllchen untermischen.

EDEL

# gulaschpfanne italiano

250 g Rinder- oder Schweinefilet
rosenscharfes Paprikapulver
1 EL Mehl
2 EL Olivenöl
1 weiße Zwiebel (ca. 150 g)
250 g festkochende Kartoffeln
¼ l Gemüsebrühe
3 EL Tomatenmark
1–2 EL Aceto balsamico
je 1 TL Rosmarin, Thymian und Majoran (getrocknet)
1 Lorbeerblatt | Salz | Pfeffer

Für 2 Personen
Pro Portion ca. 375 kcal, 30 g EW, 16 g F, 25 g KH

**1** Das Filet in ca. 2 cm große Stücke schneiden, mit je 1 EL Paprikapulver und Mehl mischen. 1 EL Olivenöl in einer beschichteten Pfanne erhitzen, das Fleisch darin unter Rühren bei mittlerer Hitze 2 Min. anbraten. Herausnehmen und mit Alufolie abgedeckt beiseitestellen.

**2** Während das Fleisch brät, die Zwiebel schälen, halbieren und in feine Spalten schneiden. Kartoffeln schälen, waschen und in feine Spalten schneiden. 1 EL Olivenöl in der Pfanne erhitzen, Zwiebel und Kartoffeln darin bei mittlerer Hitze unter Rühren 2 Min. anbraten.

**3** Brühe, Tomatenmark, Aceto balsamico, Kräuter und das Lorbeerblatt dazugeben. Die Kartoffeln kräftig mit Salz und Pfeffer würzen. Mischen und bei mittlerer Hitze 5–6 Min. kochen.

**4** Das Fleisch mit seinem Bratensaft dazugeben, alles weitere 4 Min. kochen, mit Paprikapulver, Salz und Pfeffer abschmecken.

**NOCH SCHNELLER**
... geht's ohne Kartoffeln: Mehr Fleisch (ca. 400 g) nehmen und das Gulasch mit frischem Ciabatta-Brot servieren.

ASIATISCH

# nudelpfanne
# mit huhn

100 g Mie-Nudeln
50 g Sojabohnensprossen (aus dem Glas)
200 g Hähnchenbrustfilet
2–3 EL Sojasauce
1 kleine Dose Kokosmilch (200 ml, ungeschüttelt!)
1 TL rote Currypaste
300 g asiatische TK-Gemüsemischung
1 EL Erdnusscreme (crunchy)

Für 2 Personen
Pro Portion ca. 405 kcal, 35 g EW, 9 g F, 49 g KH

**1** ½ l Wasser aufkochen. Die Nudeln damit übergießen und 4 Min. ziehen lassen. Dann mit den Sprossen in einem Sieb abtropfen lassen. Inzwischen das Hähnchenfilet kalt abspülen, trocken tupfen, in Streifen schneiden und mit 1 EL Sojasauce mischen.

**2** Von der Kokosmilch 3 EL feste Kokossahne abnehmen, in einer Pfanne mit der Currypaste verrühren, erhitzen und 2 Min. braten. Die Hähnchenfiletstreifen hinzufügen und 2–3 Min. mitbraten. TK-Gemüse dazugeben, unter Rühren 6 Min. weiterbraten. 100 ml Kokosmilch, Erdnusscreme und übrige Sojasauce unterrühren sowie Nudeln und Sprossen untermengen. Weitere 4 Min. kochen lassen.

AUS ANDALUSIEN

# hackbällchen mit
# sherrysauce

3 Frühlingszwiebeln
1 Knoblauchzehe
1 EL Olivenöl
1 kleine Dose Tomaten (400 g)
50 ml Gemüsebrühe
4 EL trockener Sherry
Salz | Cayennepfeffer | Zucker
1 EL Kapern
4 grüne Oliven (mit Paprikafüllung; aus dem Glas)
300 g gemischtes Hackfleisch
1 Ei | 2 EL Semmelbrösel
1 TL abgeriebene Bio-Zitronenschale

Für 2 Personen
Pro Portion ca. 585 kcal, 38 g EW, 40 g F, 17 g KH

**1** Die Frühlingszwiebeln putzen, waschen und in feine Ringe schneiden. Den Knoblauch schälen und fein hacken. Das Olivenöl in einer beschichteten Pfanne erhitzen, beides darin bei mittlerer Hitze unter Rühren 2–3 Min. anbraten.

**2** Dosentomaten zugeben und mit einer Gabel leicht zerdrücken. Brühe und Sherry angießen, alles gut mischen und kräftig mit Salz und Cayennepfeffer sowie 1–2 Prisen Zucker würzen. Die Sauce bei mittlerer Hitze 4–5 Min. kochen lassen.

**3** Kapern und Oliven fein hacken. Das Hackfleisch mit Ei, Semmelbröseln, Kapern, Oliven, Zitronenschale, Salz und Cayennepfeffer verkneten. Mit feuchten Händen aus der Fleischmasse walnussgroße Bällchen formen und in die Sauce geben. Bei mittlerer Hitze 5–6 Min. garen, dabei 1- bis 2-mal wenden. Die Sauce mit Salz und Cayennepfeffer abschmecken.

**SCHÖN DAZU** Spanisches Knoblauchbrot (s. S. 13) oder Mittelmeer-Püree (s. S. 85)

# SCHNELLE NUDELN

# DIE SCHNELLSTEN NUDELN

*... sind frisch, kommen aus dem Kühlregal und sind meist in 3–4 Minuten Turbo-Garzeit fertig. Ansonsten sind alle Pastasorten aus Hartweizengrieß bestens geeignet – sie behalten beim Kochen garantiert ihren »Biss« und kleben nicht!*

## PESTO AUF VORRAT

Von den blitzschnellen Nudelsaucen gleich die doppelte Menge zubereiten und eine Hälfte in ein Schraubglas oder eine Plastikdose mit Deckel füllen, mit etwas Olivenöl beträufeln und im Kühlschrank aufbewahren (halten so mindestens 2–3 Tage).

## KURZ ODER LANG

Ob Spaghetti, Farfalle, Penne oder Tagliatelle: Unsere Nudelrezepte kann man mit allen Nudelsorten zubereiten, ganz nach Geschmack oder Vorrat. Die Angaben im Rezept sind lediglich eine Empfehlung.

## NUDELN RICHTIG KOCHEN

In einem großen Topf mit Deckel reichlich Wasser (pro 100 g Nudeln mindestens 1 l) erhitzen. Wenn das Wasser kocht, 2–3 Prisen Salz und die Nudeln zugeben (Wasser mit Salz braucht länger, bis es kocht), alles mit der Spaghettigabel gut verrühren. Nudeln nach Packungsangabe garen, in ein Sieb abgießen und gut abtropfen lassen. Bei kleinen Portionen das Wasser vorher im Wasserkocher erhitzen, das spart noch mehr Zeit.

# und ruck, zuck dazu ...

## BUNTER SALAT

Für 2 Personen 1 geschälte Möhre (ca. 100 g), 60 g geputzten Stangensellerie, 1 gewaschene und geputzte kleine Bio-Salatgurke und 3–4 geputzte und gewaschene Radieschen auf der Gemüsereibe grob raspeln. Mit einer Vinaigrette aus 1 EL Zitronensaft, 1 EL Rotweinessig, 2 EL Olivenöl, Salz, Pfeffer und 1 Prise Zucker das geraspelte Gemüse zu einem Salat mischen.

## ROTER SALAT

Für 2 Personen 1 Kopf Radicchio (ca. 200 g) putzen, längs halbieren, kurz kalt abspülen und abtropfen lassen. Radicchiohälften quer in feine Streifen schneiden. Mit einer Vinaigrette aus 1 EL Aceto balsamico, 1 EL Orangensaft, 2 EL Olivenöl, Salz, Pfeffer und 1–2 Prisen Zucker mischen.

## GRÜNER SALAT

Für 2 Personen 2 Mini-Romanasalatköpfe (ca. 150 g) in Blättchen zerpflücken, waschen, in der Salatschleuder trocken schleudern oder mit Küchenpapier trocken tupfen. Salat mit einer Vinaigrette aus 1 EL Balsamico bianco, 2 EL Olivenöl, 1 TL mittelscharfem Dijonsenf, Salz, Pfeffer und 1–2 Prisen Zucker anmachen.

AUS SIZILIEN

AUS SIZILIEN

# penne mit artischocken

250 g Penne | Salz
1 Knoblauchzehe | 3 Frühlingszwiebeln
2 EL Olivenöl
150 g in Öl eingelegte Artischockenherzen (Glas)
2 Handvoll Basilikumblättchen
4 Eier | 4 EL frisch geriebener Parmesan | Pfeffer

Für 2 Personen
Pro Portion ca. 820 kcal, 40 g EW, 30 g F, 98 g KH

1  Nudeln nach Packungsangabe in reichlich kochendem Salzwasser zubereiten. Knoblauch schälen und fein hacken. Frühlingszwiebeln putzen, waschen und in feine Ringe schneiden. Öl in einer Pfanne erhitzen, beides darin 2–3 Min. andünsten.

2  Währenddessen Artischockenherzen trocken tupfen und längs in Scheiben schneiden. Basilikum in feine Streifen schneiden, 1 Handvoll mit den Artischocken in die Pfanne geben. Unter Rühren 3–4 Min. dünsten.

3  Die Eier mit Parmesan, Salz und Pfeffer verquirlen. Die Nudeln abtropfen lassen und in der Pfanne mit dem Gemüse mischen. Eimasse dazugeben und unter Rühren bei schwacher Hitze stocken lassen. Salzen, pfeffern, mit dem restlichen Basilikum bestreuen.

KLASSIKER

# penne mit thunfisch

1 Dose Thunfisch in Olivenöl (Abtropfgewicht 140 g)
4 Frühlingszwiebeln
1 Knoblauchzehe
1 EL Öl
250 g Penne
Salz
1 kleine Dose geschälte Tomaten (400 g)
1 TL getrockneter Oregano
1 EL Sardellenpaste
1 EL Aceto balsamico
Salz | Cayennepfeffer
Parmesan zum Bestreuen

Für 2 Personen
Pro Portion ca. 770 kcal, 37 g EW, 23 g F, 103 g KH

1  Den Thunfisch abtropfen lassen. Die Frühlingszwiebeln putzen, waschen und in feine Ringe schneiden, 2 EL beiseitelegen. Knoblauch schälen und fein hacken. Öl in einem Topf erhitzen, Frühlingszwiebeln und Knoblauch darin bei mittlerer Hitze 2–3 Min. anbraten.

2  Inzwischen reichlich Wasser für die Nudeln zum Kochen bringen, salzen und die Nudeln darin nach Packungsangabe garen. Thunfisch und Tomaten in den Topf geben, Tomaten mit einer Gabel leicht zerdrücken und alles gut mischen. Sauce mit Oregano und Sardellenpaste würzen und bei mittlerer Hitze 6–8 Min. leise kochen lassen.

3  Nudeln in ein Sieb abgießen und abtropfen lassen. Die Sauce mit Essig, Salz und Cayennepfeffer abschmecken. Die Nudeln mit dem Thunfisch-Sugo mischen, auf zwei Teller verteilen, mit den restlichen Frühlingszwiebelringen und Parmesan bestreuen und servieren.

FÜR GEMÜSE-FANS

# cappelletti auf spinat

300 g TK-Gorgonzola-Spinat
250 g Cappelletti (gefüllte Teigtäschchen; Kühlregal)
Salz | 8 Cocktailtomaten
1 Knoblauchzehe
2 EL Olivenöl | Pfeffer
1 TL Aceto balsamico
2 EL frisch geriebener Parmesan

Für 2 Personen
Pro Portion ca. 455 kcal, 21 g EW, 25 g F, 35 g KH

1   Spinat in einem Topf nach Packungsangabe auftauen lassen, dabei gelegentlich umrühren. Inzwischen die Cappelletti nach Packungsangabe in Salzwasser garen, anschließend in ein Sieb abgießen und abtropfen lassen. Tomaten waschen und halbieren. Knoblauch schälen und fein hacken.

2   Das Öl erhitzen, Knoblauch darin bei schwacher Hitze 1 Min. dünsten. Cappelletti 2–3 Min. mitbraten, dabei vorsichtig wenden. Die Tomaten dazugeben und 2–3 Min. weiterbraten. Mit Salz und Pfeffer würzen.

3   Spinat mit Essig, Salz und Pfeffer abschmecken, in zwei tiefe Teller geben. Cappelletti mit Tomaten und Knoblauch darauf verteilen, mit Parmesan bestreuen.

VEGETARISCH

# nudeln mit linsen

250 g Pasta (z. B. Orecchiette) | Salz
3 Frühlingszwiebeln
1 Knoblauchzehe
60 g Stangensellerie
3 getrocknete eingelegte Tomaten (Glas; ca. 30 g)
1 EL Olivenöl
120 g rote Linsen
150 ml trockener Rotwein (ersatzweise Brühe)
150 ml Gemüsebrühe
1 kleine Dose Tomaten (400 g)
1 Lorbeerblatt
1–2 EL Aceto balsamico
Pfeffer
2 EL gehobelter Parmesan

Für 2 Personen
Pro Portion ca. 790 kcal, 37 g EW, 13 g F, 128 g KH

1   Nudeln nach Packungsangabe in reichlich kochendem Salzwasser garen, in ein Sieb abgießen und abtropfen lassen.

2   Inzwischen die Frühlingszwiebeln putzen, waschen und in feine Ringe scheiden. 2 EL vom Grün beiseitelegen. Den Knoblauch schälen und fein hacken. Sellerie putzen, waschen und in feine Scheiben schneiden. Eingelegte Tomaten auf Küchenpapier abtropfen lassen und quer in feine Streifen schneiden.

3   Olivenöl in einem Topf erhitzen, Frühlingszwiebeln, Knoblauch, Sellerie und Tomatenstreifen darin bei mittlerer Hitze unter Rühren 3–4 Min. andünsten.

4   Linsen, Wein, Brühe, Dosentomaten und Lorbeerblatt dazugeben, die Tomaten mit einer Gabel leicht zerdrücken. Alles gut mischen, mit 1 EL Aceto balsamico, Salz und Pfeffer würzen. Bei mittlerer Hitze 8–10 Min. kochen lassen, dabei mehrmals umrühren.

5   Die Linsen noch einmal mit Salz, Cayennepfeffer und Essig abschmecken. Nudeln mit Linsen, dem Frühlingszwiebelgrün und Parmesan anrichten.

# nudeln mit pesto

250 g Spaghetti | Salz
30 g Pinienkerne
40 g Parmesan
1 Knoblauchzehe
30 g Basilikumblättchen
40 ml Olivenöl
Pfeffer
geriebener Parmesan zum Bestreuen

Für 2 Personen
Pro Portion ca. 810 kcal, 25 g EW, 36 g F, 98 g KH

1  Die Nudeln in reichlich kochendem Salzwasser nach Packungsangabe garen, in ein Sieb abgießen (2–3 EL Kochwasser aufheben) und abtropfen lassen.

2  Während die Nudeln kochen, die Pinienkerne in einer beschichteten Pfanne ohne Fett bei schwacher Hitze in 3–4 Min. hellbraun rösten.

3  Den Parmesan grob würfeln. Das Basilikum waschen, trocken tupfen und die Blättchen grob zerkleinern. Den Knoblauch schälen und grob hacken. Den restlichen Parmesan hobeln.

4  Pinienkerne, Parmesan, Knoblauch, Basilikum und Olivenöl im Mixer fein pürieren. Anschließend mit Salz und Pfeffer abschmecken.

5  Die Nudeln mit Pesto und Nudelwasser mischen, mit Parmesan bestreut servieren.

**AUCH SCHÖN**  Pesto im Frühling mit jungen Bärlauchblättern statt Basilikum zubereiten – dann aber den Knoblauch weglassen! Oder zur Abwechslung Basilikum- und Rucolablättchen mischen.

# nudeln mit räucherlachs

250 g Linguine | Salz
2 rote Zwiebeln (ca. 150 g)
1 kleine getrocknete Peperoni
3 EL Olivenöl
3 EL Kapern
1 TL abgeriebene Bio-Zitronenschale
1 EL Zitronensaft
80 g Räucherlachs (in Scheiben)
2 Handvoll kleine Rucolablättchen
2 EL TK-Dill
Cayennepfeffer

Für 2 Personen
Pro Portion ca. 740 kcal, 29 g EW, 25 g F, 99 g KH

1  Die Nudeln in reichlich kochendem Salzwasser nach Packungsangabe garen, in ein Sieb abgießen und abtropfen lassen.

2  Inzwischen die Zwiebeln schälen, halbieren und in feine Spalten schneiden. Peperoni zerbröseln. Das Olivenöl in einer beschichteten Pfanne erhitzen, Zwiebeln und Peperoni darin bei mittlerer Hitze unter Rühren 3–4 Min. andünsten.

3  Kapern, Zitronenschale und Zitronensaft dazugeben und 2–3 Min. weiterkochen. Die Lachsscheiben quer in ca. 1 cm breite Streifen schneiden. Rucola putzen, waschen und mit Küchenpapier trocken tupfen.

4  Abgetropfte Nudeln, Dill und Lachsstreifen zum Zwiebel-Mix in die Pfanne geben, alles gut mischen und mit Salz und Cayennepfeffer kräftig abschmecken. Die Rucolablättchen auf tiefe Pastateller verteilen und die Nudeln darauf verteilen.

MEDITERRAN GEWÜRZT

# nudeln mit spargel

400 g weißer Spargel
120 g Cocktailtomaten
250 g Bandnudeln
Salz | 2 EL Olivenöl
2 Stängel Rosmarin
abgeriebene Schale von ½ Bio-Zitrone
Pfeffer | 2 EL Zitronensaft
2 EL frisch geriebener Parmesan

Für 2 Personen
Pro Portion ca. 625 kcal, 22 g EW, 15 g F, 99 g KH

**1** Spargel schälen, die unteren, holzigen Enden abschneiden und die Stangen schräg in Scheiben schneiden. Die Tomaten waschen, halbieren.

**2** Die Nudeln in reichlich kochendem Salzwasser nach Packungsangabe garen, in ein Sieb abgießen (2–3 EL Kochwasser aufheben) und abtropfen lassen.

**3** Inzwischen das Olivenöl erhitzen, den Spargel darin mit den Rosmarinstängeln bei mittlerer Hitze unter Rühren 5–10 Min. braten. Tomaten und Zitronenschale dazugeben und 2 Min. mitbraten. Mit Salz, Pfeffer und Zitronensaft würzen. Das Nudelwasser und die Nudeln unterrühren. Mit Parmesan bestreuen.

SCHMECKT AUCH KALT

# nudeln mit kräuter-vinaigrette

250 g Nudeln (z. B. Spaghettini)
Salz
1 Knoblauchzehe
3 Frühlingszwiebeln
1 kleine getrocknete Peperoni
4 EL Olivenöl
3 EL fein gehackte Basilikumblättchen
3 EL TK-Petersilie (fein gehackt)
2 EL Balsamico bianco
Pfeffer
100 g Mini-Mozzarellabällchen
2 EL gehobelter Parmesan

Für 2 Personen
Pro Portion ca. 805 kcal, 30 g EW, 32 g F, 98 g KH

**1** Die Nudeln in reichlich kochendem Salzwasser nach Packungsangabe garen, in ein Sieb abgießen und abtropfen lassen.

**2** Inzwischen den Knoblauch schälen und fein hacken. Die Frühlingszwiebeln putzen, waschen und in feine Ringe schneiden. Die Peperoni fein zerbröseln. Das Olivenöl in einer beschichteten Pfanne erhitzen, Knoblauch, Frühlingszwiebeln und Peperoni darin unter Rühren 2–3 Min. andünsten.

**3** Basilikum und Petersilie dazugeben, 2–3 Min. mitdünsten. Essig dazugeben und alles gut mischen.

**4** Die abgetropften Nudeln zur Kräutermischung in die Pfanne geben, mit Salz und Pfeffer würzen. Die Mozzarellabällchen untermischen und die Pfanne 2–3 Min. ziehen lassen. Die Pasta auf Teller verteilen und mit Parmesan bestreut servieren.

FEIN AROMATISCH

# zucchini-spaghetti mit krabben

1 kleine Zwiebel | 1 TL Butterschmalz
100 g Sahne | 50 ml Gemüsebrühe
Salz | Pfeffer | 1 TL Currypulver
250 g Spaghetti | 200 g Zucchini
150 g gegarte und geschälte Tiefseekrabben
1 EL gehackter TK-Dill

Für 2 Personen
Pro Portion ca. 735 kcal, 33 g EW, 22 g F, 101 g KH

1 Die Zwiebel schälen und fein würfeln. Das Butterschmalz erhitzen, die Zwiebel darin glasig dünsten. Mit Sahne und Brühe ablöschen. Mit Salz, Pfeffer und Curry würzen. 10 Min. einkochen lassen.

2 Inzwischen die Spaghetti in reichlich Salzwasser nach Packungsangabe kochen. Zucchini waschen, putzen, längs in dünne Scheiben und diese in lange Streifen schneiden. Zur Sauce geben und 3–4 Min. köcheln.

3 Die Krabben in die Sauce geben und darin warm werden lassen (nicht mehr kochen). Den Dill unterrühren, eventuell nochmal abschmecken. Spaghetti in ein Sieb gießen, abtropfen lassen und mit der Sauce mischen.

TOMATEN-FRISCH

# nudeln mit fenchel und räucherforelle

250 g Nudeln (z. B. Orecchiette) | Salz
1 Zwiebel | 1 Knoblauchzehe
1 Fenchelknolle (ca. 150 g)
2 EL Olivenöl
150 ml Gemüsebrühe
2 EL Anisschnaps (ersatzweise Orangensaft)
1–2 EL Zitronensaft
2 reife Tomaten (ca. 200 g) | Pfeffer
2 geräucherte Forellenfilets (ca. 120 g)

Für 2 Personen
Pro Portion ca. 660 kcal, 31 g EW, 14 g F, 103 g KH

1 Nudeln in reichlich kochendem Salzwasser nach Packungsangabe garen, in ein Sieb abgießen und abtropfen lassen.

2 Inzwischen die Zwiebel schälen, halbieren und in feine Spalten schneiden. Den Knoblauch schälen und fein hacken. Den Fenchel putzen, das Grün fein hacken und beiseitelegen. Fenchel längs halbieren und auf dem Gemüsehobel quer in feine Streifen schneiden. Olivenöl in einem Topf erhitzen, alles darin unter Rühren bei mittlerer Hitze 3–4 Min. andünsten. 100 ml Brühe, Anisschnaps und Zitronensaft dazugeben, alles gut mischen.

3 Während das Gemüse gart, die Tomaten waschen und vierteln, Stielansätze und Kerne entfernen. Tomaten mit 50 ml Brühe fein pürieren. Püree zum Fenchel geben, salzen, pfeffern und noch 4–5 Min. kochen lassen.

4 Die Forellenfilets mit Küchenpapier abtupfen, eventuell die Haut abziehen. Filets in mundgerechte Stücke teilen und im Sugo bei schwacher Hitze erwärmen. Die Nudeln mit Sauce mischen, mit Fenchelgrün bestreuen.

**AUCH SCHÖN** frisches, fein gewürfeltes Lachsfilet im Fenchelsugo garen

# tortellini mit lauch-sahne-sauce

½ Stange Lauch (ca. 150 g)
1 Knoblauchzehe
4 Scheiben roher Schinken (ca. 60 g)
1 EL Olivenöl
80 g Sahne
Salz | Pfeffer
250 g frische Tortellini (z. B. mit Ricotta und
    Spinat; Kühlregal)

Für 2 Personen
Pro Portion ca. 600 kcal, 22 g EW, 26 g F, 64 g KH

**1** Den Lauch putzen, waschen und in feine Ringe schneiden. Knoblauch schälen und fein hacken. Schinken würfeln. Olivenöl erhitzen, alles darin unter Rühren bei mittlerer Hitze 3–4 Min. andünsten. Die Sahne angießen und 4–5 Min einkochen lassen, bis der Lauch weich ist. Mit Salz und Pfeffer würzen.

**2** Währenddessen die Tortellini nach Packungsangabe in Salzwasser garen und in einem Sieb abtropfen lassen. Tortellini unter die Sahnesauce heben und mit Salz und Pfeffer abschmecken.

# nudeln mit chili-mascarpone-sauce

250 g Nudeln (z. B. Fusilli)
Salz
3 Scheiben Parmaschinken (ca. 60 g)
1 kleine getrocknete Peperoni
1 EL Olivenöl
3 EL Mascarpone (ital. Frischkäse)
2 EL Sahne
2 Handvoll Basilikumblättchen
1–2 EL Balsamico bianco
Pfeffer
2 EL fein gehobelter Parmesan

Für 2 Personen
Pro Portion ca. 725 kcal, 27 g EW, 24 g F, 98 g KH

**1** Die Nudeln nach Packungsangabe in reichlich kochendem Salzwasser garen, in ein Sieb abgießen und abtropfen lassen.

**2** Währenddessen den Schinken von den Fetträndern befreien. Die Scheiben übereinander legen und quer in feine Streifen schneiden. Peperoni fein zerbröseln. Olivenöl in einem Topf erhitzen, Schinken und Peperoni darin bei mittlerer Hitze unter Rühren 3–4 Min. andünsten. Mascarpone und Sahne gut unterrühren.

**3** Die Hälfte des Basilikums in feine Streifen schneiden, mit dem Essig zur Sauce geben und mit Salz und Pfeffer würzen. Die Sauce bei schwacher Hitze 3–4 Min. kochen lassen, mit Salz und Pfeffer abschmecken.

**4** Die abgetropften Nudeln mit der Sauce mischen, mit den restlichen Basilikumblättchen und Parmesan bestreut servieren.

WÜRZIG

# palermo-pasta

250 g Penne | Salz
je 1 kleine rote und gelbe Paprikaschote (à ca. 120 g)
1 Knoblauchzehe | 2 EL Olivenöl
50 ml Gemüsebrühe
1 kleine Dose Thunfisch naturell (Abtropfgewicht 140 g)
2 EL fein gehackte Basilikumblättchen
1 EL Kapern | Pfeffer

Für 2 Personen
Pro Portion ca. 730 kcal, 45 g EW, 17 g F, 99 g KH

1 Penne nach Packungsangabe in reichlich Salzwasser garen und in einem Sieb abtropfen lassen. Inzwischen Paprikaschoten vierteln, putzen, waschen in feine Streifen schneiden. Knoblauch schälen und fein hacken.

2 Olivenöl in einer beschichteten Pfanne erhitzen, Paprika und Knoblauch darin bei mittlerer Hitze unter Rühren 3–4 Min. andünsten. Brühe angießen, alles zugedeckt bei mittlerer Hitze 4–5 Min. garen.

3 Thunfisch abgießen, mit einer Gabel zerpflücken, mit Basilikum und Kapern zu den Paprikastreifen geben. Unter vorsichtigem Wenden kurz erhitzen. Mit Salz und Pfeffer abschmecken. Sauce und Nudeln vermengen.

MIT FEINER SCHÄRFE

# nudeln mit paprika-sardellen-sugo

250 g Nudeln (z. B. Linguine) | Salz
1 weiße Zwiebel (ca. 150 g)
2 Knoblauchzehen
5 Sardellenfilets in Öl (ca. 50 g)
3 EL Olivenöl
1 kleine getrocknete Peperoni
300 g geröstete Paprikaschoten (aus dem Glas)
1 Handvoll Basilikumblättchen
1–2 EL Aceto balsamico
Pfeffer | Zucker
2 EL fein gehobelter Parmesan

Für 2 Personen
Pro Portion ca. 695 kcal, 22 g EW, 19 g F, 108 g KH

1 Die Nudeln nach Packungsangabe in reichlich kochendem Salzwasser garen, in ein Sieb abgießen und abtropfen lassen.

2 Inzwischen die Zwiebeln schälen, halbieren und in feine Spalten schneiden. Den Knoblauch schälen und fein hacken. Die Sardellenfilets auf Küchenpapier abtropfen lassen und fein hacken. Peperoni zerbröseln. Das Olivenöl in einer Pfanne erhitzen, alles darin bei mittlerer Hitze unter Rühren 3–4 Min. anbraten.

3 Paprikaschoten auf Küchenpapier abtropfen lassen, längs halbieren und quer in feine Streifen schneiden. Zum Zwiebel-Sardellen-Mix geben und unter Rühren 2–3 Min. mitdünsten.

4 Das Basilikum in feine Streifen schneiden, mit dem Essig zum Paprikasugo geben und mit Salz, Pfeffer und 1 Prise Zucker abschmecken. Die abgetropften Nudeln mit der Sauce mischen und mit Parmesan bestreuen. Gleich servieren.

**NOCH SCHNELLER**
... geht's mit 2 EL Sardellenpaste aus der Tube statt der Sardellen.

RAFFINIERT | SUPERSCHNELL

# pasta mit ziegenkäse-sauce

250 g Spaghetti
Salz
120 g Ziegenfrischkäse (Kühlregal)
3 EL Olivenöl
2 EL saure Sahne
1 EL Zitronensaft
3 EL TK-Schnittlauchröllchen
Salz
Sambal Oelek

Für 2 Personen
Pro Portion ca. 790 kcal, 25 g EW, 33 g F, 97 g KH

**1** Die Spaghetti nach Packungsangabe in reichlich kochendem Salzwasser garen, in ein Sieb abgießen (2–3 EL Kochwasser aufheben) und abtropfen lassen.

**2** Währenddessen den Ziegenkäse mit Olivenöl, saurer Sahne, Zitronensaft und 2 EL Schnittlauch in einer Schüssel gründlich mischen. Mit Salz und ½ TL Sambal Oelek abschmecken.

**3** Die abgetropften Nudeln mit 2–3 EL Kochwasser und dem Ziegenkäse-Pesto mischen.

SCHÖN CREMIG

# nudeln mit brokkoli-nuss-sauce

250 g Nudeln (z. B. Spaghetti)
Salz
150 g TK-Brokkoli
125 ml Gemüsebrühe
100 g Sauce hollandaise (Fertigprodukt; Tetrapack)
1 EL gemahlene Haselnüsse
Pfeffer | Muskatnuss, frisch gerieben
1 TL Zitronensaft
2 EL fein gehobelte oder gehackte Haselnüsse

Für 2 Personen
Pro Portion ca. 850 kcal, 25 g EW, 34 g F, 114 g KH

**1** Die Nudeln nach Packungsangabe garen, abgießen und in einem Sieb abtropfen lassen. Inzwischen Brokkoli mit der Brühe in einem Topf erhitzen und zugedeckt bei mittlerer Hitze 5 Min. garen.

**2** Anschließend einige schöne Brokkoliröschen beiseitelegen, den restlichen Brokkoli mit dem Pürierstab fein pürieren. Erst die Sauce hollandaise, dann die gemahlenen Haselnüsse unterrühren, mit Salz, Pfeffer, Muskat und Zitronensaft abschmecken. Die Sauce kurz erhitzen und die Brokkoliröschen unterziehen, mit den Nudeln mischen und mit Haselnüssen bestreuen.

# nudeln mit mandel-chili-pesto

250 g Nudeln (z. B. Spaghettini) | Salz
1 Knoblauchzehe
2 Tomaten (ca. 200 g)
50 g gemahlene Mandeln
4 EL Olivenöl
2 EL Ayvar (Paprikapüree, aus dem Glas)
1 TL Sambal Oelek
2 EL Rotweinessig
Pfeffer | Zucker

Für 2 Personen
Pro Portion ca. 820 kcal, 22 g EW, 36 g F, 103 g KH

1   Nudeln nach Packungsangabe garen, dann in einem Sieb (2 EL Kochwasser aufheben) abtropfen lassen. Inzwischen Knoblauch schälen und grob hacken. Tomaten waschen, vierteln, Stielansatz und Kerne entfernen und das Fruchtfleisch grob würfeln.

2   Knoblauch und Tomaten mit Mandeln, Olivenöl, Ayvar, Sambal Oelek und Essig im Mixer fein pürieren. Mit Salz, Pfeffer und 1–2 Prisen Zucker abschmecken. Nudeln mit 1–2 EL Nudelwasser und dem Mandel-Chili-Pesto mischen.

# nudeln mit tomatensugo

1 Zwiebel (ca. 100 g)
1 Knoblauchzehe
1 EL Olivenöl
250 g Nudeln (z. B. Spaghetti)
Salz
1 kleine Dose Tomaten (400 g)
1 EL Instant-Gemüsebrühe
Pfeffer
1 Lorbeerblatt
1 Packung italienische Kräuter (TK; 25g)

Für 2 Personen
Pro Portion ca. 560 kcal, 19 g EW, 7 g F, 102 g KH

1   Die Zwiebel schälen und fein hacken. Den Knoblauch schälen und fein hacken. Das Olivenöl in einem Topf erhitzen, alles darin unter Rühren bei mittlerer Hitze 3–4 Min. andünsten.

2   Inzwischen für die Nudeln Wasser zum Kochen bringen. Das Wasser salzen und die Nudeln darin nach Packungsangabe garen, in ein Sieb abgießen und abtropfen lassen.

3   Währenddessen Tomaten und Instantbrühe in den Topf geben, alles gut mischen, dabei die Tomaten mit einer Gabel grob zerkleinern. Sugo mit Salz und Pfeffer würzen, das Lorbeerblatt dazugeben und alles bei mittlerer Hitze 8–10 Min. kochen.

4   Vor dem Servieren das Lorbeerblatt entfernen. Wer mag, kann die Sauce mit einem Pürierstab pürieren. Die Kräuter untermengen und anschließend die Nudeln mit dem heißen Sugo mischen.

**AUCH SCHÖN**   mit fein gehackten Rucolablättchen und schwarzen Oliven oder mit gebratenen Parmaschinken- und Radicchiostreifen

# nudeln mit oliven-pesto

250 g Nudeln (z. B. Spaghetti) | Salz
1 Knoblauchzehe
100 g schwarze Oliven ohne Stein
2 EL Olivenöl
50 g Sahne
1 TL Zitronensaft
Cayennepfeffer | Zucker
2 EL frisch geriebener Parmesan
1 Handvoll kleine Basilikumblättchen

Für 2 Personen
Pro Portion ca. 725 kcal, 20 g EW, 28 g F, 99 g KH

**1** Nudeln nach Packungsangabe in reichlich kochendem Salzwasser garen, in ein Sieb abgießen (2 EL Kochwasser aufheben) und abtropfen lassen.

**2** Inzwischen den Knoblauch schälen, mit Oliven, Olivenöl und Sahne im Mixer fein pürieren. Die Paste mit Zitronensaft, je 1 Msp. Salz und Cayennepfeffer sowie 1 Prise Zucker abschmecken.

**3** Die abgetropften Nudeln mit 1–2 EL Nudelwasser und dem Olivenpesto mischen, mit Parmesan und Basilikum bestreut servieren.

# nudelpfanne mit pilzen

250 g Nudeln (z. B. Fusilli) | Salz
200 g Egerlinge oder Champignons
4 Frühlingszwiebeln
1 Fleischtomate (ca. 250 g)
2 EL Olivenöl | Pfeffer
2 EL gehacktes TK-Basilikum
2 EL gehobelter Parmesan

Für 2 Personen
Pro Portion ca. 630 kcal, 25 g EW, 15 g F, 99 g KH

**1** Die Nudeln nach Packungsangabe in Salzwasser garen und in einem Sieb abtropfen lassen.

**2** Inzwischen die Pilze putzen und in dicke Scheiben schneiden. Die Frühlingszwiebeln putzen, waschen und schräg in feine Scheiben schneiden, die Knollen ganz lassen. Die Tomate waschen, vierteln, von Stielansatz und Kernen befreien und klein würfeln.

**3** Das Olivenöl in einer großen beschichteten Pfanne erhitzen, Pilze und Zwiebelknollen darin bei starker Hitze unter Rühren 5 Min. braten. Zwiebelringe dazugeben, 3 Min. weiterbraten. Tomate, Basilikum und Nudeln dazugeben, alles gründlich mischen und mit Salz und Pfeffer würzen. Nudelpfanne mit Parmesan bestreut servieren.

SCHNELLES FLEISCH

# IDEAL ZUM KURZBRATEN

*… sind alle Filetstücke, Steaks, Schnitzel und Koteletts –*

*von Rind, Schwein, Kalb, Lamm, Pute oder Hähnchen.*

*Und jede Sorte Hackfleisch, am besten schön mager und*

*ganz frisch vom Metzger.*

## KÄSE UND FLEISCH

Gewürzte Filetscheibchen oder Minuten-Steaks kurz von beiden Seiten in Öl anbraten. In der Pfanne auf jede Scheibe oder jedes Steak 1 Tomatenscheibe, 1–2 Basilikumblättchen und 1 Mozzarellascheibe legen. Oder Ananasstücke (aus der Dose) und 1 dünnes Stück Gouda. Die Pfanne zudecken und den Käse bei schwacher Hitze schmelzen lassen.

## ASIA-FLEISCH

Alle exotischen Fleischgerichte am besten im Wok oder in der Wokpfanne zubereiten. Mit Basmatireis, Asia-Nudeln oder Krupuk servieren.

## BLITZ-BEILAGEN

… sind in ein paar Minuten dazu auf dem Tisch: zum Beispiel vorgegarter Reis (gibt's im Beutel oder in Plastikschälchen), Instant-Couscous, frische Nudeln, Gnocchi, Spätzle oder Schupfnudeln aus dem Kühlregal oder Kartoffelpuffer aus der Tiefkühltruhe. Auch schön zum Fleisch: Baguettehälften mit Kräuter- oder Knoblauchbutter (aus dem Kühlregal) kurz überbacken. Oder natürlich eins unserer turboschnellen Kartoffelrezepte von S. 85 dazu servieren.

# blitzrezepte für beilagen

### KARTOFFELWÜRFEL

Für 2 Personen 2 große (ca. 400 g) festkochende Kartoffeln in kleine Würfel (1–1,5 cm) schneiden. Kartoffelwürfel in kochendem Salzwasser ca. 8 Min. garen, in ein Sieb abgießen und abtropfen lassen.

### KARTOFFELSCHNEE

Für 2 Personen 2 große (ca. 400 g) mehlige Kartoffeln schälen, waschen und klein würfeln. In kochendem Salzwasser ca. 10 Min. garen, in ein Sieb abgießen. Abgetropfte Kartoffeln heiß durch die Kartoffelpresse als »Schnee« gleich auf die Teller drücken, evtl. mit Salz, Pfeffer und Muskat würzen.

### MITTELMEER-PÜREE

Für 2 Personen 2 große (ca. 400 g) mehlige Kartoffeln schälen, waschen und klein würfeln. In kochendem Salzwasser ca. 10 Min. garen, in ein Sieb abgießen. 30 ml heiße Milch, 2 EL Olivenöl und 1 EL Zitronensaft zu den Kartoffeln geben, alles mit dem Kartoffelstampfer (nicht mit dem Pürierstab! – der Brei wird sonst glasig) fein stampfen, mit Salz und Pfeffer würzen.

SÜSSSAUER | MAL ANDERS

# schweinefilet in limetten-kokos-sauce

200 g Schweinefilet | 3 Frühlingszwiebeln
4 Schalotten | 2 EL Öl
200 ml Kokosmilch
Saft und abgeriebene Schale einer Bio-Limette
3 EL Sojasauce | 2 EL süßscharfe Chilisauce
1 TL Sambal Oelek

Für 2 Personen
Pro Portion ca. 265 kcal, 24 g EW, 14 g F, 10 g KH

**1** Das Schweinefleisch trocken tupfen und in feine Streifen schneiden. Frühlingszwiebeln putzen, waschen, erst längs vierteln und dann quer in feine Streifen schneiden. Schalotten schälen und in feine Ringe schneiden.

**2** 1 EL Öl erhitzen, die Schalotten darin bei mittlerer Hitze 3–4 Min. unter Rühren anbraten, beiseitestellen. 1 EL Öl in der Pfanne erhitzen, Fleisch und Frühlingszwiebeln darin bei mittlerer Hitze unter Rühren 3–4 Min. anbraten. Schalotten dazugeben, Kokosmilch angießen. Limettensaft, -schale, Sojasauce, Chilisauce und Sambal Oelek untermischen und alles bei mittlerer Hitze 5–6 Min. kochen lassen.

FEIN | KLASSIKER

# schweinelendchen mit paprikasahne

4 Scheiben Schweinelende (à ca. 80 g)
Salz | Pfeffer
2 EL Mehl
2 EL Olivenöl
1 Zwiebel (ca. 100 g)
1 Knoblauchzehe
4 EL Ayvar (Paprikapüree, aus dem Glas)
50 ml Gemüsebrühe
3 EL Crème fraîche
1 EL trockener Sherry (ersatzweise Brühe)
1 TL Zitronensaft
Worcestersauce

Für 2 Personen
Pro Portion ca. 410 kcal, 37 g EW, 23 g F, 13 g KH

**1** Schweinelendchen von beiden Seiten salzen, pfeffern und mit etwas Mehl bestäuben. 1 EL Öl in einer beschichteten Pfanne erhitzen, das Fleisch darin von jeder Seite bei mittlerer Hitze 3–4 Min. braten. Herausnehmen und auf einem Teller mit Alufolie abgedeckt beiseitestellen.

**2** Inzwischen Zwiebel und Knoblauch schälen und fein hacken. 1 EL Olivenöl in der Pfanne erhitzen, beides darin unter Rühren andünsten.

**3** Ayvar, Brühe, Crème fraîche und Sherry dazugeben, alles gut mischen und bei mittlerer Hitze 3–4 Min. kochen lassen. Die Sauce mit Zitronensaft, 2–3 Spritzern Worcestersauce, Salz und Pfeffer würzen.

**4** Das Fleisch mit Bratensaft zur Sauce geben und noch 3–4 Min. mitziehen lassen.

**SCHÖN DAZU** frische Gnocchi oder Tagliatelle aus dem Kühlregal

MIT EXOTISCHEM DIP
# filets mit raita

2 Pfirsichhälften (ca. 100 g; aus der Dose)
4 EL Joghurt | 2 EL Zitronensaft
1 Msp. Harissa (Chilipaste; aus der Tube)
gemahlener Kreuzkümmel
Salz | Pfeffer
300 g Filet (von Schwein und Rind, oder nur 1 Sorte)
1 EL Öl

Für 2 Personen
Pro Portion ca. 255 kcal, 33 g EW, 9 g F, 11 g KH

**1** Pfirsiche mit Küchenpapier trocken tupfen und fein würfeln. Pfirsiche mit Joghurt, Zitronensaft, Harissa, Kreuzkümmel, Salz und Pfeffer mischen.

**2** Die Filetstücke mit Küchenpapier trocken tupfen, in nicht zu dünne Scheiben schneiden, salzen und pfeffern. Das Öl in einer beschichteten Pfanne erhitzen, das Fleisch darin bei mittlerer Hitze 5–6 Min. (je nach Dicke) braten, dabei 1- bis 2-mal wenden. Fleisch mit Pfirsich-Raita servieren.

**AUCH SCHÖN** Raita noch zusätzlich mit Zesten von Limettenschale würzen oder – wenn Sie welche bekommen – mit Minzestreifen.

ASIATISCH
# filet mit lauch und pilzen

250 g Filet vom Schwein (oder Pute, Hähnchenbrust bzw. Rind)
Salz | Pfeffer
2 EL Öl
100 g Lauch
100 g Egerlinge oder Champignons
150 ml Gemüsebrühe
3 EL Sojasauce
1 EL Limettensaft
2 EL trockener Sherry (ersatzweise Orangensaft)
Sambal Oelek

Für 2 Personen
Pro Portion ca. 270 kcal, 30 g EW, 14 g F, 5 g KH

**1** Das Fleisch quer in nicht zu dünne Scheiben schneiden, von beiden Seiten mit Salz und Pfeffer würzen.

**2** 1 EL Öl in einer Pfanne erhitzen, das Fleisch darin von beiden Seiten in 3–4 Min. hellbraun anbraten. Herausnehmen und auf einem Teller mit Alufolie abgedeckt beiseitestellen.

**3** Inzwischen den Lauch putzen, waschen, längs vierteln und quer in feine Streifen schneiden. Die Pilze putzen und längs in feine Scheiben schneiden. 1 EL Öl in die Pfanne geben, das Gemüse darin unter Rühren bei mittlerer Hitze 3–4 Min. anbraten.

**4** Brühe, Sojasauce, Limettensaft, Sherry und ½ TL Sambal Oelek dazugeben, alles gut mischen und bei mittlerer Hitze 3–4 Min. kochen lassen. Das Fleisch mit dem Bratensaft dazugeben und 2–3 Min. bei schwacher Hitze mitgaren.

**SCHÖN DAZU** Basmatireis oder Krupuk

NUSSIG-SCHARF

# erdnuss-hähnchen-curry

250 g Hähnchenbrustfilet
2–3 EL Sojasauce
2–3 EL süßscharfe Chilisauce
1 EL Öl
300 ml Kokosmilch
2 EL Limettensaft
1 EL Instant-Gemüsebrühe
1 TL Currypulver
4 EL geröstete, gesalzene Erdnüsse
1 frische rote Peperoni
4–5 Bio-Limettenscheiben
Zucker | Sambal Oelek

Für 2 Personen
Pro Portion ca. 355 kcal, 36 g EW, 18 g F, 10 g KH

**1** Das Hähnchenfleisch kalt abspülen, mit Küchenpapier trocken tupfen und in feine Streifen schneiden. Streifen mit je 1 EL Soja- und Chilisauce mischen.

**2** Das Öl in einer beschichteten Pfanne oder einer Wokpfanne erhitzen, das Fleisch darin unter Rühren bei mittlerer Hitze 2–3 Min. braten, bis es rundum weiß ist. Kokosmilch, je 1 EL Soja- und Chilisauce, 1 EL Limettensaft, Instant-Brühe und Currypulver dazugeben. Alles gut mischen und bei mittlerer Hitze 6–8 Min. kochen lassen. Ab und zu umrühren.

**3** Die Erdnüsse grob hacken. Die Peperoni waschen, der Länge nach halbieren, Stielansatz und Kerne entfernen, das Fruchtfleisch längs in feine Streifen schneiden. Erdnüsse, Peperonistreifen und Bio-Limettenscheiben untermischen. Das Curry mit Sojasauce, Chilisauce, Currypulver, 1–2 Prisen Zucker und Sambal Oelek abschmecken.

**SCHÖN DAZU** asiatische Eier- oder Reisnudeln

FRUCHTIG | CROSSOVER

# hähnchenbrust mit mangosauce

2 Hähnchenbrustfilets (à ca. 120 g)
Salz | Cayennepfeffer
8 große Basilikumblättchen
4 dünne Scheiben Parmaschinken (ca. 30 g)
2 EL Olivenöl
1 reife Mango | 1 EL Butter | 1 EL Zucker
2 EL trockener Sherry (ersatzweise Gemüsebrühe)
4 EL Sahne | 1–2 TL Zitronensaft

Für 2 Personen
Pro Portion ca. 420 kcal, 31 g EW, 23 g F, 22 g KH

**1** Das Hähnchenfleisch waschen, mit Küchenpapier trocken tupfen und eventuell vorhandene Sehnen entfernen. Das Fleisch rundherum salzen und pfeffern.

**2** Jedes Filet mit 4 Basilikumblättchen belegen und mit 2 Scheiben Parmaschinken umwickeln. Olivenöl in einer beschichteten Pfanne erhitzen, das Fleisch darin bei mittlerer Hitze pro Seite 2–3 Min. anbraten, dann zugedeckt bei schwacher Hitze pro Seite 3–4 Min. garen.

**3** Währenddessen die Mango schälen, das Fruchtfleisch der Länge nach vom Kern schneiden (ca. 150 g) und grob würfeln. Butter in einem Topf schmelzen, Zucker und Mangowürfel darin unter Rühren 2–3 Min. andünsten. Sherry, Sahne und Zitronensaft dazugeben, 3–4 Min. kochen lassen. Fein pürieren. Mangopüree mit Salz und Cayennepfeffer abschmecken.

**4** Die Hähnchenbrüste mit einem scharfen Messer quer in dicke Scheiben schneiden. Mangosauce als »Spiegel« auf zwei große flache Teller geben, das Fleisch darauf anrichten.

**NOCH SCHNELLER**
... geht's mit Mango aus der Dose.

**SCHÖN DAZU** Spanisches Knoblauchbrot (s. S. 13) oder Langkornreis

oben: hähnchenbrust mit mangosauce | unten: erdnuss-hähnchen-curry

GRIECHISCH INSPIRIERT

# rotwein-filet

250 g Rinder- oder Schweinefilet
Salz | Pfeffer | 2 EL Olivenöl
2 weiße Zwiebeln (ca. 220 g) | 2 Knoblauchzehen
200 ml trockener Rotwein
200 ml Gemüsebrühe
2 EL Tomatenmark | 2 EL Rotweinessig
1 Lorbeerblatt | Zucker | Zimtpulver

Für 2 Personen
Pro Portion ca. 270 kcal, 29 g EW, 13 g F, 8 g KH

**1** Das Fleisch quer in Scheibchen schneiden und mit Salz und Pfeffer würzen. 1 EL Olivenöl in einer beschichteten Pfanne erhitzen, das Fleisch darin bei mittlerer Hitze 3 Min. braten, dabei 1- bis 2-mal wenden. Die Zwiebeln schälen, halbieren und in feine Spalten schneiden. Knoblauch schälen und fein hacken. Fleisch aus der Pfanne nehmen und abgedeckt beiseitestellen.

**2** 1 EL Öl in der Pfanne erhitzen, Zwiebeln und Knoblauch darin unter Rühren bei mittlerer Hitze 3 Min. braten. Wein, Brühe, Tomatenmark, Essig und Lorbeer dazugeben, mit Salz, Pfeffer sowie je 2 Prisen Zucker und Zimt würzen. Alles mischen und bei mittlerer Hitze 5–6 Min. kochen. Das Fleisch mit dem Bratensaft dazugeben, bei schwacher Hitze noch kurz erwärmen.

AM BESTEN MIT COUSCOUS

# geschnetzeltes mit bohnen

300 g Rinderfilet
2 EL Öl
1 Zwiebel
1 Knoblauchzehe
300 g grüne TK-Bohnen
300 ml passierte Tomaten
1 TL gekörnte Gemüsebrühe
Harissa (Chilipaste; aus der Tube)
Kreuzkümmel, Koriander, Ingwer (alles gemahlen)
Salz | Pfeffer
Muskatnuss, frisch gerieben
2 EL TK-Petersilie

Für 2 Personen
Pro Portion ca. 440 kcal, 47 g EW, 19 g F, 25 g KH

**1** Das Rindfleisch trocken tupfen und in feine Streifen schneiden. 1 EL Öl in einer Pfanne erhitzen, das Fleisch darin bei mittlerer Hitze 2–3 Min. anbraten. Herausnehmen, mit Alufolie abdecken und beiseitestellen.

**2** Inzwischen die Zwiebel schälen, halbieren und in feine Spalten schneiden. Den Knoblauch schälen und fein hacken. 1 EL Öl in der Pfanne erhitzen, beides darin 2–3 Min. andünsten. Bohnen, Tomaten, Brühe, 1 TL Harissa und je 2–3 Prisen der übrigen Gewürze dazugeben. Das Gemüse durchrühren und bei mittlerer Hitze 5–6 Min. kochen.

**3** Das Fleisch mit Bratensaft und Petersilie dazugeben und 3–4 Min. weiterkochen. Mit Salz und Pfeffer abschmecken. Mit Couscous servieren.

**AUCH SCHÖN** Geschnetzeltes mit Petersilien- oder Korianderblättchen servieren

KLASSIKER MAL ANDERS

# saltimbocca-geschnetzeltes

2 Schweineschnitzel (ca. 250 g)
Salz | Pfeffer
1 EL Mehl
50 g Parmaschinken (in Scheiben)
6–8 frische Salbeiblättchen
2 EL Olivenöl
150 ml Gemüsebrühe
1–2 TL Zitronensaft | Zucker

Für 2 Personen
Pro Portion ca. 285 kcal, 33 g EW, 13 g F, 6 g KH

**1**  Die Schnitzel quer in feine Streifen schneiden, mit Salz und Pfeffer gut würzen und rundherum mit 1 EL Mehl bestäuben. Schinken und Salbeiblättchen quer in feine Streifen schneiden.

**2**  Das Olivenöl in einer Pfanne erhitzen. Fleisch, Schinken und Salbei dazugeben und unter Rühren bei mittlerer Hitze 4–5 Min. anbraten.

**3**  Die Brühe mit Zitronensaft angießen, alles gut mischen und bei schwacher Hitze 4–5 Min. kochen lassen. Mit Salz, Pfeffer und 1 Prise Zucker abschmecken.

WÜRZIG | MIT BISS

# schweinefilet mit brokkoli

250 g Schweinefilet
1 Knoblauchzehe
Zucker | 2–3 EL Sojasauce
2 EL Öl
1 Zwiebel (ca. 150 g)
450 g TK-Brokkoli
2–3 EL geröstete, gesalzene Cashewnusskerne
1–2 EL süßscharfe Chilisauce
1 EL Limettensaft
Salz | Pfeffer

Für 2 Personen
Pro Portion ca. 415 kcal, 39 g EW, 21 g F, 18 g KH

**1**  Das Fleisch mit Küchenpapier trocken tupfen und in schmale Streifen schneiden. Den Knoblauch schälen und fein hacken. Fleisch und Knoblauch in einer Schüssel mit ½ TL Zucker und 1 EL Sojasauce mischen. Die Zwiebel schälen, halbieren und in Stücke schneiden.

**2**  1 EL Öl in einer beschichteten Pfanne oder einer Wokpfanne erhitzen, das Fleisch darin bei mittlerer Hitze unter Rühren 2–3 Min. anbraten. Herausnehmen und auf einem Teller mit Alufolie abgedeckt beiseitestellen.

**3**  1 EL Öl in der Pfanne erhitzen, die Zwiebeln darin unter Rühren bei mittlerer Hitze 2–3 Min. anbraten. Brokkoli und Cashewkerne dazugeben und unter Rühren 3–4 Min. mitbraten.

**4**  Das Fleisch mit Bratensaft dazugeben. Alles mit Chilisauce, restlicher Sojasauce sowie dem Limettensaft würzen und bei mittlerer Hitze noch 3 Min. kochen lassen. Mit Salz, Pfeffer und Sojasauce abschmecken.

KNUSPER-NUSSIG

# hähnchen-nuggets

250 g Joghurt | 3 EL TK-Petersilie
Salz | Cayennepfeffer
200 g Hähnchenbrustfilet (oder Putenbrustfilet)
Zimtpulver | 60 g Cashewnusskerne (ungesalzen)
1 Eiweiß | 3 EL Öl | ½ Eisbergsalat (ca. 200 g)

Für 2 Personen
Pro Portion ca. 500 kcal, 35 g EW, 33 g F, 16 g KH

1  Den Joghurt mit der Petersilie verrühren und mit Salz
und Cayennepfeffer würzen.

2  Die Hähnchenbrust kalt abspülen, trocken tupfen
und in Würfel schneiden. Kräftig mit Salz, Cayennepfeffer und 1 Msp. Zimt würzen. Cashewkerne fein hacken
und auf einen flachen Teller geben. Das Eiweiß in einem
anderen Teller verquirlen. Fleisch durch das Eiweiß ziehen und in den Cashewkernen wenden.

3  Öl in einer beschichteten Pfanne erhitzen, das
Fleisch darin bei mittlerer Hitze, evtl. in zwei Portionen,
goldbraun braten, dabei vorsichtig wenden.

4  Den Salat putzen, waschen, trocken schleudern und
in Streifen schneiden. Eine Platte damit auslegen, mit
etwas Joghurtsauce beträufeln, Hähnchen-Nuggets
darauf anrichten und die restliche Sauce dazu reichen.

AUS SCHWEDEN

# hackbällchen

250 g gemischtes Hackfleisch
1 Ei
2 EL Semmelbrösel
2 EL Sahne
Salz | Cayennepfeffer
Piment und Ingwer (beide gemahlen)
1 EL Öl
2 EL Crème fraîche
2 EL Ahornsirup
1–2 TL Zitronensaft
2 EL TK-Dill
1 kleine Bio-Gurke (ca. 150 g)
1 EL Balsamico bianco

Für 2 Personen
Pro Portion ca. 575 kcal, 31 g EW, 43 g F, 17 g KH

1  Hackfleisch mit Ei, Semmelbröseln, Sahne, Salz,
Cayennepfeffer, Piment und Ingwer in einer Schüssel
gründlich mischen. Daraus mit angefeuchteten Händen
10–12 walnussgroße Bällchen formen.

2  Das Öl in einer großen beschichteten Pfanne erhitzen, die Bällchen darin bei mittlerer Hitze 6–8 Min. braten, dabei mehrmals wenden.

3  Inzwischen die Crème fraîche mit 1 EL Ahornsirup,
Zitronensaft, Dill, Salz und Cayennepfeffer verrühren.
Die Gurke waschen und auf dem Gemüsehobel fein
hobeln. Mit 1 EL Ahornsirup, Essig und Salz mischen.

4  Die Hackbällchen mit der Dillcreme und dem Gurken-
salat servieren.

AUCH SCHÖN  Schweden-Burger: Dafür Vollkorn-Bröt-
chen aufschneiden, mit Dill-Dip, Gurken und Hackbällchen belegen, zusammenklappen und leicht andrücken.

SCHÖN DAZU  Kartoffelschnee (s. S. 85) oder TK-Kartoffelpuffer

FRUCHTIG

# hähnchenbrust mit ananas

250 g Hähnchenbrustfilet
2 TL Speisestärke
1 Eiweiß
Salz
1 kleine Dose Ananasstücke (Abtropfgewicht 140 g)
2 EL Öl
1 EL trockener Sherry (nach Belieben)
1 EL TK-Schnittlauchröllchen

Für 2 Personen
Pro Portion ca. 285 kcal, 31 g EW, 11 g F, 15 g KH

**1** Das Hähnchenbrustfilet waschen, trocken tupfen und in Streifen schneiden. Speisestärke mit 2 TL Wasser, Eiweiß und 1 Prise Salz verrühren, das Fleisch untermischen. Ananas abtropfen lassen, den Saft auffangen.

**2** Das Öl in einer beschichteten Pfanne oder Wokpfanne erhitzen. Das Fleisch darin bei mittlerer Hitze unter Rühren 2–3 Min. braten. Die Ananasstückchen 1–2 Min. mitbraten. Sherry und 3–4 EL Ananassaft dazugeben und salzen. Alles kurz erwärmen. Den Schnittlauch dazugeben.

ZUM VERWÖHNEN

# calvados-schnitzel

1 süßer Bio-Apfel (ca. 150 g)
1 EL Butter
2 EL Öl
2 dünne Kalbs- oder Schweineschnitzel (à ca. 120 g)
Salz | Pfeffer
3–4 EL Crème fraîche
4 EL Calvados (franz. Apfelbranntwein)
1 EL Zitronensaft
4 EL Gemüsebrühe

Für 2 Personen
Pro Portion ca. 395 kcal, 26 g EW, 29 g F, 8 g KH

**1** Den Apfel waschen und halbieren. Den Stielansatz und die Kerne entfernen und die Hälften längs in feine Spalten schneiden.

**2** 1 EL Butter und 1 EL Öl in einer beschichteten Pfanne erhitzen, die Apfelspalten darin 3–4 Min. andünsten, dabei einmal vorsichtig wenden. Herausnehmen und auf einem Teller beiseitestellen. Die Pfanne mit Küchenpapier säubern.

**3** Die Schnitzel von beiden Seiten salzen und pfeffern. 1 EL Öl in der Pfanne erhitzen, die Schnitzel darin bei mittlerer Hitze 5–6 Min. braten, dabei einmal wenden. Herausnehmen und auf einem Teller mit Alufolie abgedeckt beiseitestellen.

**4** Crème fraîche, Calvados, Zitronensaft und Brühe dazugeben. Alles mit einem kleinen Schneebesen gründlich verrühren, mit Salz und Pfeffer würzen und bei schwacher Hitze 3–4 Min. kochen lassen.

**5** Die Schnitzel mit Bratensaft in die Pfanne geben, noch kurz bei schwacher Hitze mitgaren, mit den Apfelspalten servieren.

**SCHÖN DAZU** Kräuterreis (s. S. 109) oder Kartoffelwürfel (s. S. 85)

# bami goreng

100 g Bandnudeln
200 g Rinderfilet
1 Zwiebel
1 Knoblauchzehe
2 EL Öl
200 g TK-Asia-Gemüse
3 EL Sojasauce
1 TL Sambal Oelek

Für 2 Personen
Pro Portion ca. 455 kcal, 31 g EW, 17 g F, 47 g KH

**1** Die Nudeln in reichlich Salzwasser nach Packungsangabe garen, abgießen und abtropfen lassen. Inzwischen das Rindfleisch in feine Streifen schneiden. Zwiebel und Knoblauch schälen und fein hacken.

**2** 1 EL Öl erhitzen, Zwiebel und Knoblauch darin unter Rühren glasig braten. Gemüse dazugeben und unter Rühren 8–10 Min. braten, beiseitestellen. 1 EL Öl erhitzen und das Fleisch darin bei mittlerer Hitze unter Rühren 3–4 Min. anbraten. Das Gemüse wieder untermischen, abgetropfte Nudeln untermengen und mit Sojasauce und Sambal Oelek abschmecken.

**AUCH SCHÖN** mit Reisbandnudeln aus dem Asienladen

# steaks mit zwiebel-rotwein-sauce

1 weiße Zwiebel (ca. 150 g)
1 Knoblauchzehe
2 Scheiben Rinderlende (à ca. 120 g)
Salz | Pfeffer
2 EL Olivenöl
2 EL Butter
100 ml trockener Rotwein
100 ml Gemüsebrühe

Für 2 Personen
Pro Portion ca. 335 kcal, 27 g EW, 23 g F, 4 g KH

**1** Den Backofen auf 80° vorheizen. Die Zwiebel schälen, längs halbieren und in feine Spalten schneiden. Den Knoblauch schälen und fein hacken.

**2** Das Fleisch rundherum salzen und pfeffern. 1 EL Olivenöl in einer ofenfesten Pfanne erhitzen, das Fleisch darin von jeder Seite bei mittlerer Hitze 2–3 Min. anbraten. Die Pfanne in den Ofen (Mitte) stellen und das Fleisch 5–6 Min. garen.

**3** Während das Fleisch gart, 1 EL Olivenöl und 1 EL Butter in einer beschichteten Pfanne erhitzen, Zwiebeln und Knoblauch darin bei mittlerer Hitze unter Rühren andünsten. Wein und Brühe angießen, alles kräftig mit Salz und Pfeffer würzen und 4–5 Min. bei schwacher Hitze kochen. 1 EL kalte Butter mit dem Schneebesen unterschlagen.

**4** Die Lendenscheiben aus dem Ofen nehmen, zur Zwiebelsauce geben und noch 2 Min. mitgaren.

**SCHÖN DAZU** Mittelmeer-Püree (s. S. 85) oder Spargel-Wildreis (s. S. 109)

KÄSE-WÜRZIG
# kleine steaks mit gorgonzolasauce

4 Minuten-Steaks vom Schwein (à ca. 80 g)
Salz | Pfeffer | 2 EL Olivenöl
60 g cremiger Gorgonzola
2 EL Mascarpone (ital. Frischkäse)
80 ml Gemüsebrühe
2 EL trockener Sherry (ersatzweise Brühe)

Für 2 Personen
Pro Portion ca. 590 kcal, 38 g EW, 47 g F, 1 g KH

1  Die Steaks von beiden Seiten salzen und pfeffern.
1 EL Olivenöl in einer Pfanne erhitzen, das Fleisch darin
bei mittlerer Hitze pro Seite 2–3 Min. braten. Herausnehmen und abgedeckt beiseitestellen.

2  1 EL Olivenöl in der Pfanne erhitzen. Gorgonzola grob
würfeln und mit Mascarpone dazugeben, bei schwacher
Hitze unter Rühren 2–3 Min. schmelzen lassen.

3  Brühe und Sherry angießen und mit einem Schneebesen gründlich verrühren. Mit Salz und Pfeffer kräftig
abschmecken und bei schwacher Hitze 3–4 Min.
kochen. Steaks mit Bratensaft zur Sauce geben und bei
schwacher Hitze 2–3 Min. mitgaren.

CHINA-KLASSIKER
# schweinefleisch süßsauer

1 kleine Dose Ananasstückchen (Abtropfgewicht 140 g)
2 Schweineschnitzel (à ca. 150 g)
Salz | Zucker
1 Knoblauchzehe
4 Frühlingszwiebeln
2 EL Öl
2–3 EL süßscharfe Chilisauce
1–2 EL Limettensaft
1 TL Sambal Oelek
Cayennepfeffer

Für 2 Personen
Pro Portion ca. 335 kcal, 35 g EW, 13 g F, 18 g KH

1  Die Ananasstücke in ein Sieb abgießen und abtropfen lassen. Den Saft in einer Schüssel auffangen.

2  Die Schnitzel längs halbieren und quer in schmale
Streifen schneiden. Mit Salz und Zucker würzen. Den
Knoblauch schälen und fein hacken. Die Frühlingszwie-
beln putzen und waschen. Das Grün schräg in feine
Röllchen schneiden und beiseitelegen. Restliche Zwie-
beln schräg in Ringe schneiden.

3  Das Öl in einer beschichteten Pfanne oder einer Wokpfanne erhitzen. Das Fleisch darin bei mittlerer Hitze
unter Rühren 3–4 Min. braten. Frühlingszwiebeln 1 Min.
mitbraten. Ananas, 2 EL Chilisauce, 4–5 EL Ananassaft,
1 EL Limettensaft und 1 TL Sambal Oelek untermischen,
alles mit Salz, Zucker und Cayennepfeffer würzen und
bei mittlerer Hitze 2 Min. schmoren.

4  Das Schweinefleisch mit Chilisauce, Limettensaft,
Salz und Zucker abschmecken, mit Frühlingszwiebelgrün bestreut servieren.

AUCH SCHÖN  mit Express Langkorn-Wildreis-Mischung

RAFFINIERT

# kotelett mit gremolata

3 Sardellenfilets in Öl (ca. 30 g)
1 TL fein abgeriebene Bio-Zitronenschale
3 EL TK-Petersilie
2 Kalbs- oder Schweinekoteletts (à ca. 150 g)
Salz | Pfeffer | 2 EL Olivenöl | 80 ml Gemüsebrühe
3 EL trockener Sherry (ersatzweise Brühe)
1–2 EL Zitronensaft | Zucker

Für 2 Personen
Pro Portion ca. 260 kcal, 26 g EW, 13 g F, 3 g KH

1   Sardellen trocken tupfen, fein hacken und mit einem breiten Messerrücken etwas zerdrücken. Mit Zitronenschale und Petersilie gründlich mischen.

2   Koteletts waschen, trocken tupfen, salzen und pfeffern. 1 EL Olivenöl in einer Pfanne erhitzen, Koteletts darin pro Seite bei mittlerer Hitze 3–4 Min. braten. Herausnehmen und abgedeckt beiseitestellen.

3   1 EL Öl in der Pfanne erhitzen. Brühe, Sherry und Zitronensaft dazugeben, mit Salz, Pfeffer und 1 Prise Zucker abschmecken. Koteletts mit Bratensaft in die Pfanne geben, bei schwacher Hitze 3–4 Min mitgaren, einmal wenden. Mit Sauce und Gremolata servieren.

AUS DEM WOK

# hähnchen mit bambussprossen

1 Dose Bambussprossen (Abtropfgewicht 180 g)
250 g Hähnchenbrustfilet
1 TL Zucker | 3 EL Sojasauce
1 rote Zwiebel (ca. 100 g)
je 1 kleine gelbe und grüne Paprikaschote (à ca. 120 g)
2 Knoblauchzehen
2 EL Öl
Chilipulver

Für 2 Personen
Pro Portion ca. 300 kcal, 34 g EW, 13 g F, 11 g KH

1   Bambussprossen in ein Sieb abgießen, kalt abspülen und abtropfen lassen. Hähnchenfleisch kalt abspülen, mit Küchenpapier trocken tupfen und in feine Streifen schneiden. In einer Schüssel mit Zucker und 1 EL Sojasauce mischen.

2   Die Zwiebel schälen, halbieren und längs in feine Spalten schneiden. Die Paprikaschoten waschen, vierteln, putzen und längs in feine Streifen schneiden. Den Knoblauch schälen und fein hacken.

3   1 EL Öl in einer beschichteten Pfanne oder einer Wokpfanne erhitzen, Knoblauch und Hähnchenfiletstreifen darin bei mittlerer Hitze unter Rühren 3 Min. anbraten. Herausnehmen und auf einem Teller mit Alufolie abgedeckt beiseitestellen.

4   1 EL Öl in der Pfanne erhitzen, die Zwiebel darin 1 Min. braten. Paprika bei mittlerer Hitze unter Rühren 2 Min. mitbraten.

5   Bambussprossen und Fleisch mit Bratensaft untermischen, mit 2 EL Sojasauce und ½ TL Chilipulver würzen. 3 Min. kochen lassen. Nach Belieben mit 2 TL gerösteten Sesamsamen bestreut servieren.

# SCHNELLER FISCH

# DER SCHNELLSTE FISCH

*… ist frisch, schon ausgenommen, gesäubert und filetiert. Leider bekommt man frische Fischfilets meist nur beim Fischhändler – Frischfisch-Abteilungen in Supermärkten sind eher selten. Aber auch hier gibt's Fisch für die Blitzküche: geräuchert von Lachs bis Forelle; vorgegart im Kühlregal, z. B. Shrimps und Party-Gambas; aus der Dose und im Glas, z. B. Thunfisch und Sardellen.*

## FISCH RICHTIG VORBEREITEN

So viel Zeit muss sein: Auch Fischfilets immer kurz kalt abspülen, mit Küchenpapier trocken tupfen und, falls nötig, Gräten und Hautreste entfernen.

## TIEFKÜHLFISCH

… ist fürs schnelle Kochen nur bedingt geeignet – er muss auftauen und kann deshalb nicht immer in 20 Min. auf dem Tisch stehen. Die Ausnahme: tiefgekühlte Meeresfrüchte und Garnelen – die kann man auch gleich gefroren in Pfanne und Topf befördern. Fischstäbchen und TK-Tintenfischringe im Backteig sind auch schnell fertig. Und lassen sich mit raffinierten Dips (s. S. 37) fix zu feinen Gerichten aufpeppen.

## BIO-LOGISCH

Tiefgekühlte Bio-Garnelen sind zwar etwas teurer, aber sehr zu empfehlen. Die gibt's mittlerweile auch im Supermarkt.

# feine begleiter

## TOMATEN-COUSCOUS

Für 2 Personen 150 g Instant-Couscous in einer Schüssel mit 150 ml kochend heißer Gemüsebrühe verrühren, nach Packungsangabe ca. 5 Min. quellen lassen. 2 Tomaten (ca. 200 g) waschen, vierteln, Stielansätze und Kerne entfernen. Tomatenviertel mit 30 ml Gemüsebrühe fein pürieren. Tomatenpüree zum Couscous geben, alles mit Salz, Cayennepfeffer und 1 EL Zitronensaft abschmecken.

## KRÄUTER-REIS

Für 2 Personen 1 Beutel Express Langkornreis (250 g) mit 1 EL Butter und 4 EL Instant-Gemüsebrühe in einer beschichteten Pfanne erhitzen. Je 2 EL fein gehackte TK-Petersilie und TK-Schnittlauchröllchen sowie 1 geschälte und fein gehackte Knoblauchzehe untermischen, mit Salz und Pfeffer würzen.

## SPARGEL-WILDREIS

Für 2 Personen 150 g grünen Spargel waschen, holzige Enden entfernen, Spargelstangen schräg in feine Scheiben schneiden. 1 Knoblauchzehe schälen und fein hacken. 1 EL Olivenöl in einer beschichteten Pfanne erhitzen, Spargel und Knoblauch darin bei mittlerer Hitze unter Rühren 3–4 Min. anbraten. 120 ml Gemüsebrühe angießen, alles 3–4 Min. kochen lassen. 250 g Express Langkorn-Wildreis-Mischung (Fertigprodukt) und 2 EL Limettensaft dazugeben, mit Salz und Pfeffer würzen, 4 Min. bei schwacher Hitze kochen lassen.

MITTELMEERFRISCH

# zitronenfisch

2 Tilapia-Filets (225 g, frisch oder TK; Buntbarsch)
Salz | Pfeffer
1 EL Butter | 1 EL Olivenöl
1 TL abgeriebene Bio-Zitronenschale
1–2 EL Zitronensaft | 3 EL Gemüsebrühe
2 EL TK-Petersilie
2 EL fein gehobelter Parmesan

Für 2 Personen
Pro Portion ca. 220 kcal, 24 g EW, 13 g F, 2 g KH

1   TK-Fisch 10 Min. antauen lassen. Frische Filets waschen, mit Küchenpapier trocken tupfen, rundherum salzen und pfeffern. Butter und Öl in einer beschichteten Pfanne erhitzen. Die Fischfilets darin bei mittlerer Hitze von jeder Seite 3–4 Min. braten.

2   Zitronenschale, -saft, Brühe und Petersilie in einer kleinen Schüssel mit Salz und Pfeffer mischen. Zum Fisch geben und noch 2–3 Min. kochen lassen.

3   Fischfilets mit Zitronensud und gehobeltem Parmesan bestreut servieren.

**SCHÖN DAZU**  Pizza-Ecken (s. S. 133) und ein Roter Salat (s. S. 61)

AUS GRIECHENLAND

# fisch mit tomatensauce

2 Frühlingszwiebeln
2 EL Öl
1 kleine Dose Tomaten (400 g)
1 TL gekörnte Gemüsebrühe
3 EL TK-Dill
3 EL TK-Petersilie
Salz | Pfeffer
2 Lachsfilets (ca. 250 g)
1–2 TL Zitronensaft

Für 2 Personen
Pro Portion ca. 385 kcal, 28 g EW, 12 g F, 23 g KH

1   Die Frühlingszwiebeln putzen, waschen und in feine Ringe schneiden. 1 EL Öl in einem Topf erhitzen und die Frühlingszwiebeln darin bei mittlerer Hitze unter Rühren 2–3 Min. anbraten.

2   Die Dosentomaten dazugeben und mit einer Gabel leicht zerdrücken. Gekörnte Brühe, Dill und Petersilie untermischen. Alles mit Salz und Pfeffer würzen und bei schwacher Hitze 8–10 Min. leise kochen lassen.

3   Währenddessen die Fischfilets kalt abspülen und trocken tupfen, salzen und pfeffern. 1 EL Öl in einer beschichteten Pfanne erhitzen, die Fischfilets darin bei mittlerer Hitze 6–8 Min. braten, dabei einmal wenden.

4   Die Tomatensauce mit Zitronensaft, Salz und Pfeffer abschmecken. Die Lachsfilets mit der Sauce servieren.

**SCHÖN DAZU**  Express Langkorn-Wildreis-Mischung oder frisches Fladenbrot

# fischpfanne mit sellerie

300 g festfleischiges Fischfilet (z. B. weißer Heilbutt, Thunfisch oder Schwertfisch)
1 Stück frischer Ingwer (etwa haselnussgroß)
1 TL fein abgeriebene Bio-Zitronenschale
2 EL Zitronensaft
Salz | Pfeffer
2 Stangensellerie
3 Frühlingszwiebeln
1 EL Öl
70 g Sahne
Muskatnuss, frisch gerieben

Für 2 Personen
Pro Portion ca. 515 kcal, 34 g EW, 40 g F, 5 g KH

1   Den Fisch in schmale Streifen schneiden. Den Ingwer schälen und fein hacken. Den Fisch mit Ingwer, Zitronenschale, 1 EL Zitronensaft, Salz und Pfeffer in einer Schüssel mischen.

2   Sellerie und Frühlingszwiebeln putzen, waschen und in feine Scheiben bzw. Ringe schneiden. Selleriegrün fein hacken, mit 2 EL Zwiebelgrün beiseitelegen.

3   Öl in einer beschichten Pfanne oder einer Wokpfanne erhitzen, Sellerie und Zwiebelringe darin bei mittlerer Hitze unter Rühren 4–5 Min. braten. Den Fisch dazugeben, alles unter Rühren 3–4 Min. weiterbraten. Die Sahne angießen und mit 1 EL Zitronensaft, Salz, Pfeffer und Muskat abschmecken. Bei schwacher Hitze noch 2–3 Min. kochen lassen. Die Fischpfanne mit dem Zwiebel- und Selleriegrün bestreuen.

**SCHÖN DAZU**  Tomaten-Couscous (s. S. 109) oder Basmatireis

# ofen-shrimps mit feta

250 g Shrimps
1 TL fein abgeriebene Schale von einer Bio-Zitrone
2 EL Zitronensaft
4 EL Olivenöl
1 TL getrocknetes Oregano
Salz | Cayennepfeffer
8 Cocktailtomaten (ca. 120 g)
100 g Fetakäse

Für 2 Personen
Pro Portion ca. 415 kcal, 32 g EW, 30 g F, 2 g KH

1   Shrimps in einem Sieb kalt abspülen, abtropfen lassen und mit Küchenpapier trocken tupfen. Den Backofen auf 200° (Umluft 160°) vorheizen.

2   Die Zitronenschale in einer kleinen Schüssel mit Zitronensaft, Olivenöl, Oregano, Salz und Cayennepfeffer gut mischen. Shrimps auf zwei ofenfeste Förmchen oder Teller verteilen und mit der Marinade beträufeln.

3   Die Tomaten waschen, längs halbieren und, falls nötig, die Stielansätze entfernen. Tomatenhälften zu den Shrimps geben.

4   Den Feta grob zerbröseln und gleichmäßig auf Tomaten und Shrimps verteilen. Alles im Ofen (Mitte) in 5–6 Min. überbacken.

**SCHÖN DAZU**  Grüner Salat (s. S. 61) und Spanisches Knoblauchbrot (s. S. 13)

# seelachs mit rucola

300 g Seelachsfilet
Salz | Pfeffer
2 EL Olivenöl
2 EL Zitronensaft
120 g Rucola
1 Knoblauchzehe
2 Tomaten (ca. 200 g)
2 EL Pinienkerne
2 EL TK-Petersilie
1 EL Balsamico bianco

Für 2 Personen
Pro Portion ca. 320 kcal, 31 g EW, 18 g F, 9 g KH

1 Den Fisch waschen, mit Küchenpapier trocken tupfen und eventuell vorhandene Gräten entfernen. Fisch in Portionsstücke schneiden, salzen und pfeffern.

2 1 EL Öl in einer beschichteten Pfanne erhitzen, den Seelachs darin bei mittlerer Hitze 4–5 Min. braten, dabei einmal wenden. Mit dem Zitronensaft beträufeln, zugedeckt bei schwacher Hitze 2–3 Min. weitergaren.

3 Währenddessen den Rucola putzen, waschen und trocken schleudern. Knoblauch schälen und fein hacken. Tomaten waschen, halbieren, Stielansätze und Kerne entfernen und das Fruchtfleisch längs in feine Spalten schneiden.

4 1 EL Öl in einer zweiten Pfanne erhitzen. Pinienkerne, Knoblauch und Rucola hineingeben und bei mittlerer Hitze unter Rühren 2–3 Min. braten.

5 Petersilie und Tomatenspalten untermischen, alles mit Essig, Salz und Pfeffer würzen. Den Seelachs auf dem Rucolagemüse anrichten.

**SCHÖN DAZU** Rouille-Brot (s. S. 13) oder Pizza-Ecken (s. S. 133) dazu reichen

# seeteufel mit balsamico-sauce

250 g Seeteufelfilet
Salz | Pfeffer
2 EL Olivenöl
1 Knoblauchzehe
2 Sardellenfilets in Öl (ca. 20 g)
3 EL Aceto balsamico
4 EL Gemüsebrühe
Zucker
2 EL fein gehackte Basilikumblättchen

Für 2 Personen
Pro Portion ca. 200 kcal, 19 g EW, 11 g F, 6 g KH

1 Das Fischfilet waschen, mit Küchenpapier trocken tupfen und eventuell vorhandene Gräten entfernen. Fisch in 2 gleich große Stücke teilen, salzen und pfeffern. In einer beschichteten Pfanne 1 EL Olivenöl erhitzen, die Fischstücke darin 6–8 Min. braten, dabei einmal wenden.

2 Inzwischen den Knoblauch schälen und fein hacken. Die Sardellenfilets auf Küchenpapier abtropfen lassen, ebenfalls fein hacken.

3 1 EL Olivenöl in einer zweiten Pfanne erhitzen. Knoblauch und Sardellen darin unter Rühren 3–4 Min. andünsten. Essig und Brühe dazugeben, alles gut verrühren und mit Salz und Pfeffer sowie 1 Prise Zucker abschmecken.

4 Das Basilikum zur Sauce geben. Den gebratenen Seeteufel mit der Balsamico-Sauce anrichten.

**AUCH SCHÖN** die Balsamico-Sauce zu Lammkoteletts oder zu grünem Spargel reichen

**SCHÖN DAZU** Spargel-Wildreis (s. S. 109) oder Mittelmeer-Püree (s. S. 85)

UNGEWÖHNLICH

# räucherforelle mit linsen

2 Scheiben Frühstücksspeck (ca. 40 g) | 1 EL Öl
2 Frühlingszwiebeln
50 g Lauch | 50 g Möhre
100 g rote Linsen
2 EL Tomatenmark
300 ml Gemüsebrühe
2 EL Sahne | 1–2 EL Rotweinessig
Salz | Pfeffer
2 geräucherte Forellenfilets (ohne Haut, ca. 240 g)

Für 2 Personen
Pro Portion ca. 485 kcal, 39 g EW, 25 g F, 24 g KH

**1** Speck in feine Streifen schneiden, mit 1 EL Öl 3–4 Min. unter Rühren braten. Das Gemüse putzen und waschen. Frühlingszwiebeln und Lauch in feine Ringe schneiden. Möhre schälen und fein würfeln. Alles in den Topf geben und unter Rühren 2–3 Min. mitdünsten.

**2** Linsen, Tomatenmark und Brühe unterrühren und zugedeckt 5–6 Min. kochen. Sahne und Essig dazugeben, salzen, pfeffern und 4–5 Min. weiterkochen. Linsen zugedeckt 2–3 Min. ausquellen lassen und abschmecken. Forellenfilets trocken tupfen, mit den Linsen anrichten.

ELEGANT | KLASSIKER

# lachs mit gurkensauce

2 Lachsfilets (à etwa 150 g)
Salz | Pfeffer
1 kleine Bio-Gurke (ca. 150 g)
1 Schalotte (ca. 50 g)
2 EL Öl
50 g Crème fraîche
30 ml trockener Weißwein (ersatzweise Fischfond)
1 TL geriebener Meerrettich (aus dem Glas)
1 EL Weißweinessig | Zucker
2 EL TK-Schnittlauchröllchen

Für 2 Personen
Pro Portion ca. 510 kcal, 31 g EW, 22 g F, 24 g KH

**1** Lachsfilets kalt abspülen, mit Küchenpapier trocken tupfen, eventuell vorhandene Gräten entfernen. Filets von beiden Seiten leicht salzen.

**2** Gurke waschen, der Länge nach halbieren und die Kerne mit einem kleinen Löffeln herausschaben. Gurkenhälften erst längs in Streifen, dann quer in kleine Würfel schneiden. Schalotte schälen, halbieren und in feine Streifen schneiden.

**3** 1 EL Öl in einer beschichteten Pfanne erhitzen. Fischfilets darin bei starker Hitze 1 Min. pro Seite braten. Dann herausnehmen und auf einem Teller mit Alufolie abgedeckt beiseitestellen.

**4** 1 EL Öl in der Pfanne erhitzen. Gurken und Schalotten darin bei mittlerer Hitze unter Rühren 2 Min. braten. Crème fraîche, Wein, Meerrettich, Essig und Schnittlauch dazugeben, alles gut mischen und mit Salz, Pfeffer und 1 Prise Zucker würzen. Die Fischfilets in die Sauce geben und zugedeckt 3–4 Min. mitgaren.

# frittata mit graved lax

4 Eier | 4 EL Milch
3 EL fein gehackte Basilikumblättchen
3 EL geriebener Emmentaler oder Gouda
Salz | Pfeffer
1½ EL Öl
80 g Graved Lax (oder Räucherlachs, in Scheiben)

Für 2 Personen
Pro Portion ca. 420 kcal, 30 g EW, 32 g F, 1 g KH

**1** Die Eier in einer Schüssel gründlich mit Milch, Basilikum und Käse verrühren, kräftig mit Salz und Pfeffer würzen. Öl in einer beschichteten Pfanne erhitzen. Eier-Käse-Masse hineingeben und zugedeckt bei mittlerer Hitze in 3–4 Min. stocken lassen.

**2** Die Pfanne mit Deckel umdrehen, sodass die Frittata auf dem Deckel liegt. Die Frittata langsam in die Pfanne gleiten lassen und offen 3–4 Min. braten.

**3** Frittata auf einem großen Teller wie eine Pizza in Viertel oder Achtel schneiden. Graved Lax leicht einrollen und in die Mitte setzen.

**TIPP** Die Frittata gleichzeitig in zwei kleinen beschichteten Pfannen braten.

# lachsröllchen mit champagnerkraut

1 Dose Champagnerkraut (Abtropfgewicht 350 g)
150 g Graved Lax (aus dem Kühlregal)
2 EL Butter
Salz | Pfeffer
3 EL Crème double
3 EL TK-Schnittlauchröllchen

Für 2 Personen
Pro Portion ca. 450 kcal, 24 g EW, 37 g F, 10 g KH

**1** Den Backofen auf 200° (Umluft 180°) vorheizen. Die Hälfte des Krauts aus der Dose in ein Sieb geben und abtropfen lassen (restliches Kraut zugedeckt im Kühlschrank aufbewahren). Die Graved-Lax-Scheiben vorsichtig mit einem Messer voneinander lösen und auf der Arbeitsfläche ausbreiten.

**2** Das Kraut mit 1½ EL Butter in einen Topf geben und bei schwacher Hitze erwärmen. Mit Salz und Pfeffer abschmecken. Eine Auflaufform mit der restlichen Butter fetten. Auf die Mitte von jeder Lachsscheibe ca. 1 EL Kraut geben. Die Lachsscheiben locker über der Füllung zusammenrollen und dann die Röllchen nebeneinander in die Form legen.

**3** Die Crème double auf die Lachsröllchen setzen. Im Backofen (Mitte) 5–6 Min. überbacken. Die Form aus dem Ofen nehmen, die Lachsröllchen mit Schnittlauch bestreut servieren.

KLASSIKER MAL MIT FISCH

# shrimps-gyros

300 g Shrimps | 2 Knoblauchzehen
3 EL Olivenöl | getrockneter Oregano
Salz | Pfeffer
1 kleine Bio-Gurke (ca. 150 g)
150 g griechischer Joghurt
2 EL Zitronensaft

Für 2 Personen
Pro Portion ca. 330 kcal, 31 g EW, 20 g F, 7 g KH

1   Shrimps in einem Sieb kalt abspülen und mit Küchenpapier trocken tupfen. Knoblauch schälen und fein hacken. Die Hälfte mit 2 EL Olivenöl und 1 TL Oregano verrühren und mit Salz und Pfeffer würzen. Shrimps untermischen.

2   Die Gurke waschen und auf der Gemüsereibe grob raspeln. Salzen und 3–4 Min. ziehen lassen. In ein Sieb abgießen und leicht ausdrücken.

3   Gurkenraspel mit Joghurt, 1 EL Olivenöl, 1 EL Zitronensaft und dem restlichen Knoblauch verrühren, mit Salz und Pfeffer abschmecken.

4   Eine beschichtete Pfanne erhitzen, Shrimps darin bei mittlerer Hitze unter Rühren 4–5 Min. braten. Mit 1 EL Zitronensaft beträufeln, mit dem Tsatsiki servieren.

AUCH FÜR GÄSTE

# lachsfilets mit senfkruste

300 g TK-Rahm-Porree
2 EL TK-Dill
2 EL grober Dijonsenf
1½ EL Semmelbrösel
1 EL Crème fraîche
2 Lachsfilets (à 125 g)
2 EL Zitronensaft
2 EL Öl
Salz | Pfeffer

Für 2 Personen
Pro Portion ca. 510 kcal, 29 g EW, 21 g F, 33 g KH

1   Backofen auf 180° (Umluft 160°) vorheizen. Den Lauch in eine ofenfeste Auflaufform geben und im Ofen antauen lassen.

2   Dill, Senf, Semmelbrösel und Crème fraîche in einer kleinen Schüssel verrühren. Lachsfilets waschen, trocken tupfen und eventuell vorhandene Gräten entfernen. Fisch mit Zitronensaft beträufeln und mit Salz und Pfeffer würzen.

3   Den Lauch in der Form gleichmäßig verteilen und mit Salz und Pfeffer würzen, mit Öl beträufeln.

4   Lachsfilets auf das Gemüse legen, die Senfbrösel darauf verteilen und mit den Händen leicht festdrücken. Die Form auf den Rost in den Ofen (Mitte) stellen und den Fisch 12–15 Min. backen.

**SCHÖN DAZU**  als schnelle Beilage: 2 TK-Kartoffelpuffer in einer heißen Pfanne in 1–2 EL Öl nach Packungsangabe knusprig ausbraten. Die Lachsfilets auf den Puffern anrichten.

INDISCH INSPIRIERT

# fischcurry

300 g Fischfilet (z. B. Rotbarsch oder Kabeljau)
Salz | Pfeffer | 2 TL Currypulver
2 EL Zitronensaft
150 g Champignons
4 Frühlingszwiebeln
1 kleine getrocknete Chilischote
1 Stück frischer Ingwer (ca. 2 cm)
2 EL Öl | 1 EL Mehl
60 ml Gemüsebrühe | 60 g Sahne
Kreuzkümmel und Koriander (gemahlen)

Für 2 Personen
Pro Portion ca. 350 kcal, 32 g EW, 21 g F, 9 g KH

**1**  Den Fisch waschen und trocken tupfen, in etwa 3 cm
große Würfel schneiden. Mit Salz und Pfeffer, 1 TL Currypulver und 1 EL Zitronensaft mischen.

**2**  Die Champignons putzen und in Scheiben schneiden. Frühlingszwiebeln putzen, waschen und schräg in
etwa 1 cm breite Stücke schneiden. Chilischote fein zerbröseln. Ingwer schälen und fein hacken. 1 EL Öl in
einer beschichteten Pfanne oder Wokpfanne erhitzen
und alles darin bei mittlerer Hitze unter Rühren 4 Min.
braten. Herausnehmen und auf einem Teller abgedeckt
warm halten.

**3**  1 EL Öl in der Pfanne erhitzen. Fischwürfel leicht mit
Mehl bestäuben und unter Rühren bei mittlerer Hitze
4–5 Min. braten. Herausnehmen, zum Gemüse geben,
weiterhin abgedeckt warm halten.

**4**  Brühe und Sahne in die Pfanne geben, mit 1 TL Currypulver, 1 EL Zitronensaft, Salz, Pfeffer, Kreuzkümmel
und Koriander würzen und bei mittlerer Hitze 3 Min.
kochen lassen.

**5**  Fisch und Gemüse in die Sauce geben, 2 Min. bei
schwacher Hitze ziehen lassen und mit Salz, Pfeffer,
Kreuzkümmel und Koriander abschmecken.

**SCHÖN DAZU**  Basmatireis

RAFFINIERT

# trapani-tintenfisch

1 weiße Zwiebel
1 Knoblauchzehe
1 EL Olivenöl
100 ml trockener Weißwein (ersatzweise Brühe)
3 EL Rosinen
1 kleine Dose Tomaten (400 g)
1 EL gekörnte Gemüsebrühe
2 EL TK-Petersilie
60 g schwarze Oliven (ohne Stein)
Salz | Cayennepfeffer
4 EL Öl
250 g TK-Tintenfischringe in Backteig (Fertigprodukt)

Für 2 Personen
Pro Portion ca. 590 kcal, 17 g EW, 38 g F, 42 g KH

**1**  Die Zwiebel schälen, halbieren und längs in feine
Spalten schneiden. Knoblauch schälen und fein
hacken. Olivenöl in einem Topf erhitzen, beides darin
bei mittlerer Hitze unter Rühren 3–4 Min. andünsten.

**2**  Wein, Rosinen, Tomaten, gekörnte Brühe, Petersilie,
Oliven (evtl. halbieren) und je 1 Msp. Salz und Pfeffer
dazugeben, die Tomaten mit einer Gabel zerdrücken.
Alles gut mischen und bei mittlerer Hitze 5–6 Min.
kochen lassen.

**3**  Gleichzeitig das Öl in einer großen beschichteten
Pfanne erhitzen. Die Tintenfischringe darin nach
Packungsangabe bei mittlerer Hitze in 3–4 Min. gold-
braun braten, dabei einmal wenden. Auf Küchenpapier
abtropfen lassen und mit dem Tomatensugo servieren.
Ciabatta und einen bunten Salat (s. S. 61) dazu stellen.

**NOCH SCHNELLER**
… geht's mit marinierten, abgetropften Tintenfischringen:
einfach zur Sauce geben und 2–3 Min. mitkochen.

**AUCH SCHÖN**  passt der Sugo zu Pasta oder kurz gebra-
tenem Fleisch

MIT MANDELKICK

# gambas mit romesco

1 Scheibe Toastbrot | 2 Knoblauchzehen
50 g geröstete, rote Paprikaschoten (aus dem Glas)
40 g gemahlene Mandeln
2 EL feuriges Ayvar (Paprikapüree, aus dem Glas)
2 EL Gemüsebrühe | 1–2 EL Rotweinessig
Salz | Pfeffer | Zucker
250 g Party-Gambas
1 EL Olivenöl | 1 EL Zitronensaft

Für 2 Personen
Pro Portion ca. 325 kcal, 28 g EW, 18 g F, 11 g KH

**1** Brot im Toaster rösten und grob würfeln. Knoblauch schälen, Paprikaschoten auf Küchenpapier abtropfen lassen. Beides grob würfeln.

**2** 1 Knoblauchzehe mit Brot, Paprika, Mandeln, Ayvar, Brühe und Essig im Blitzhacker fein pürieren. Mit Salz, Pfeffer und 1 Prise Zucker abschmecken.

**3** Garnelen waschen und trocken tupfen. Öl in einer beschichteten Pfanne erhitzen, Garnelen und die zweite Knoblauchzehe dazugeben. Bei mittlerer Hitze 3–4 Min. braten, dabei 1- bis 2-mal wenden. Garnelen mit Salz und Pfeffer würzen, mit Zitronensaft beträufeln. Die Garnelen mit der Romesco-Sauce servieren.

ASIATISCH | WÜRZIG

# fisch mit linsen

2 Frühlingszwiebeln
1 Stück frischer Ingwer (ca. 2 cm)
400 ml Gemüsebrühe
1 EL Öl
2 EL rote Linsen
100 g TK-Asia-Gemüse
1–2 EL Sojasauce
200 g Fischfilet (z. B. Seelachs oder Kabeljau)
1 TL Zitronengraspaste (aus dem Glas)
1–2 EL Limettensaft
Zucker

Für 2 Personen
Pro Portion ca. 155 kcal, 22 g EW, 2 g F, 10 g KH

**1** Die Frühlingszwiebeln putzen und in feine Ringe schneiden. Ingwer schälen und fein hacken. Das Öl in einem Topf erhitzen, die Frühlingszwiebelringe und den Ingwer darin bei mittlerer Hitze unter Rühren 2–3 Min. andünsten.

**2** Die Brühe angießen. Linsen, Asia-Gemüse und 1 EL Sojasauce dazugeben und bei mittlerer Hitze 5 Min. kochen lassen.

**3** Inzwischen das Fischfilet waschen, mit Küchenpapier trocken tupfen und in ca. 2 cm große Stücke schneiden. Die Fischstücke zur Brühe geben und bei schwacher Hitze 4–5 Min. weitergaren.

**4** Den Fischtopf mit Zitronengras, Sojasauce, Limettensaft und 1 Prise Zucker abschmecken.

**AUCH SCHÖN** statt Zitronengraspaste 1 TL fein abgeriebene Bio-Limettenschale untermischen

KLASSIKER

# fisch-fondue

200 g gemischtes Fischfilet (z. B. Lachs und Scholle)
100 g Party-Gambas | 4 EL Zitronensaft
100 g Champignons | 4 Frühlingszwiebeln
1 kleiner Zucchino (ca. 100 g)
80 g Zuckerschoten | 2 l Gemüsebrühe
2 Fondue-Drahtkörbchen

Für 2 Personen
Pro Portion ca. 280 kcal, 30 g EW, 9 g F, 6 g KH

1  Fisch und Gambas waschen und trocken tupfen, Fisch in mundgerechte Stücke schneiden. Beides auf einen Teller legen, mit 2 EL Zitronensaft beträufeln.

2  Champignons putzen, halbieren oder vierteln, mit 1 EL Zitronensaft beträufeln. Gemüse putzen und waschen. Frühlingszwiebeln in ca. 3 cm lange Stücke schneiden. Zucchino längs halbieren und quer in dünne Scheiben schneiden. Alles auf einem Teller anrichten.

3  Brühe mit 1 EL Zitronensaft zum Kochen bringen, kochend heiß in den Fonduetopf umfüllen und auf ein Rechaud stellen. Fisch, Garnelen und Gemüse in Drahtsiebe füllen oder auf Fonduegabeln stecken, in der Brühe kurz garen. Mit Dips (z. B. von Seite 36) servieren.

AUCH FÜR GÄSTE

# fisch-antipasti

1 Dose Ölsardinen (Fischeinwaage 80 g)
2 EL Zitronensaft
1 EL Olivenöl
2 EL TK-Petersilie
Salz | Pfeffer
4 Sardellenfilets in Öl (ca. 40 g)
80 g geröstete, rote Paprikaschoten (aus dem Glas)
1 kleine Dose Thunfisch in Olivenöl (Abtropfgewicht 56 g)
1 Frühlingszwiebel
1 EL Kapern
1 EL Mayonnaise
1 TL Dijonsenf
¼ Honigmelone (ca. 150 g)

Für 2 Personen
Pro Portion ca. 295 kcal, 18 g EW, 20 g F, 11 g KH

1  Sardinen auf Küchenpapier abtropfen lassen und nebeneinander auf einer großen Platte oder einem großen Teller anrichten. 1 EL Zitronensaft mit 1 EL Olivenöl und der Petersilie mischen, salzen und pfeffern, Sardinenfilets mit der Vinaigrette beträufeln.

2  Sardellenfilets und die Paprikaschoten ebenfalls auf Küchenpapier abtropfen lassen. Paprika quer in 8 etwa gleich große Streifen schneiden. Auf der Platte je 1 Sardellenfilet zwischen 2 Paprikastreifen anrichten.

3  Thunfisch abtropfen lassen, ohne Öl in eine Schüssel geben. Frühlingszwiebel putzen, waschen und in feine Ringe schneiden. Thunfisch mit einer Gabel grob zerkleinern, mit Zwiebelringen, 1 EL Zitronensaft, Kapern, Mayonnaise, Senf, Salz und Pfeffer mischen.

4  Melonenviertel schälen, entkernen und längs in feine Spalten schneiden. Melonenspalten und Thunfischsalat dekorativ auf der Platte anrichten.

**SCHÖN DAZU  Grissini, Baguette oder Ciabatta**

SENFWÜRZIG
# tintenfisch mit kaperndip

2 hart gekochte Eier | 4 EL Olivenöl
2 Essiggurken (ca. 50 g)
1 Frühlingszwiebel
1 EL Rotweinessig | 1 TL Dijonsenf
1 EL kleine Kapern | 2 EL TK-Petersilie
Salz | Pfeffer | Zucker | 4 EL Öl
250 g Tintenfischringe in Backteig (Fertigprodukt)

Für 2 Personen
Pro Portion ca. 670 kcal, 21 g EW, 54 g F, 25 g KH

**1** Eier pellen und längs halbieren. Eigelbe herauslösen, zerdrücken und mit Olivenöl gründlich verrühren.

**2** Eiweiße und Essiggurken fein hacken. Frühlingszwiebel putzen, waschen und in feine Ringe schneiden. Alles mit Essig, Senf, Kapern, Petersilie, Salz, Pfeffer und 1 Prise Zucker unter den Eigelbmix rühren.

**3** Das Öl in einer beschichteten Pfanne erhitzen. Die Tintenfischringe darin nach Packungsangabe bei mittlerer Hitze in 4–5 Min. goldbraun backen, dabei 1- bis 2-mal wenden. Tintenfischringe auf Küchenpapier abtropfen lassen und mit dem Kaperndip servieren.

RAFFINIERT FRUCHTIG
# lachs mit melonensalsa

½ Honig- oder Charentais-Melone (ca. 300 g)
1 Tomate (ca. 100 g)
1 kleine rote Chilischote
2 Frühlingszwiebeln
1 EL Honig
2 EL Olivenöl
1 TL fein abgeriebene Schale einer Bio-Limette
2 EL Limettensaft
gemahlener Kreuzkümmel
2 Lachskoteletts (à ca. 200 g)
Salz | Pfeffer
Minzeblättchen zum Anrichten

Für 2 Personen
Pro Portion ca. 605 kcal, 42 g EW, 38 g F, 25 g KH

**1** Die Melone schälen, die Kerne entfernen und das Fruchtfleisch in ca. 1 cm große Würfel schneiden. Die Tomate waschen, vierteln, von Kernen und Stielansatz befreien und würfeln. Chilischote halbieren, entkernen und in feinste Ringe schneiden. Frühlingszwiebeln putzen, waschen und in feine Ringe schneiden.

**2** Melonen- und Tomatenwürfel mit Zwiebel- und Chiliringen, Honig, 1 EL Olivenöl, 1 TL Limettenschale, 1–2 EL Limettensaft und Kreuzkümmel mischen.

**3** Lachskoteletts waschen und mit Küchenpapier trocken tupfen. Mit Salz, Pfeffer und Kreuzkümmel würzen. 1 EL Olivenöl in einer beschichteten Pfanne erhitzen. Den Fisch darin bei mittlerer Hitze pro Seite 3–4 Min. braten. Mit Melonensalsa servieren.

# SALATE
# ZUM SATTESSEN

# FÜR BLITZSCHNELLE SALATE

*... braucht man natürlich auch die richtigen Ruck-Zuck-Zutaten: von Kichererbsen und Bohnen aus der Dose bis zu eingelegten Tomaten aus dem Glas, von Instant-Couscous bis zu vorgegartem Reis, von vorgegarten und eingeschweißten Roten Beten bis zu praktischen Bio-Minisalatgurken und Cocktailtomaten, die man kaum noch zu putzen braucht.*

## KNABBERWAREN

... wie Grissini, Taco- und Kartoffelchips, Reiswaffeln, Käsestangen oder Salzbrezel sind die idealen, fixen Begleiter zum Salat. Schön sind auch kleine Party-Brötchen, Weißbrot oder knuspriges dunkles Bauernbrot.

## FRISCHES GRÜN

Die knackigen Beilagensalate mit passenden Vinaigrettes finden Sie auf Seite 61.

## FÜR VIELE GÄSTE

Salate sind natürlich auch bestens geeignet für Partys, Grillfeste und den Picknickausflug ins Grüne. Am besten »haltbare Modelle« wie Couscoussalat, Reissalat, Bohnen- oder Kartoffelsalat auswählen. Das Rezept je nach Bedarf verdoppeln oder verdreifachen, in Plastikschüsseln mit Deckel füllen und vor dem Servieren einfach noch einmal mit Salz, Pfeffer, 1 Spritzer Zitronensaft oder den im Rezept angegebenen Gewürzen abschmecken.

# blitzrezepte

## MASCARPONE-TRAMEZZINI

Für 2 Personen 4 Scheiben Vollkorntoast leicht anrösten. 4 EL Mascarpone mit 1 geschälten und fein gehackten Knoblauchzehe, 2 EL TK-Schnittlauchröllchen, 1 TL Zitronensaft, Salz und Pfeffer mischen. Auf 2 Brotscheiben streichen, die beiden restlichen Brotscheiben darauflegen, Brote diagonal halbieren.

## KÄSE-TACOS

Backofengrill vorheizen. Für 2 Personen 100 g Taco-Chips in eine feuerfeste Schüssel geben, mit 3–4 EL geriebenem Gouda oder Emmentaler bestreuen. Alles im vorgeheizten Backofen (Mitte) 3–4 Min. überbacken.

## PIZZA-ECKEN

Backofen auf 220° vorheizen. Für 2 Personen 1 Pizza-Fertigteigfladen (Kühlregal) auf ein mit Backpapier ausgelegtes Blech legen. 4 EL passierte Tomaten (Fertigprodukt) mit 1 TL Sambal Oelek, 1 EL getrocknetem Oregano, Salz und Pfeffer mischen. Teigboden damit bestreichen, mit 2–3 EL Olivenöl beträufeln, im vorgeheizten Ofen nach Packungsangabe in 12–15 Min. knusprig backen. Pizzaboden mit einem scharfen Messer achteln und gleich servieren.

# couscoussalat mit chili-garnelen

150 ml Gemüsebrühe
125 g Instant-Couscous
2 rote Zwiebeln (ca. 150 g)
120 g geröstete rote Paprikaschoten (aus dem Glas)
2 EL Orangensaft
3 EL Limettensaft
3 EL Olivenöl
Salz | Pfeffer
8 Party-Gambas
1 TL Sambal Oelek
1 kleine reife Avocado (ca. 250 g)
1 EL Joghurt

Für 2 Personen
Pro Portion ca. 640 kcal, 19 g EW, 40 g F, 51 g KH

**1**  Brühe aufkochen. Couscous in einer Schüssel damit übergießen, mischen und 5 Min. (nach Packungsangabe) ziehen lassen.

**2**  Inzwischen Zwiebeln schälen, halbieren und längs in feine Spalten schneiden. Paprikaschoten auf Küchenpapier abtropfen lassen, längs halbieren und quer in feine Streifen schneiden.

**3**  Couscous mit Zwiebeln, Paprikastreifen, je 1 EL Orangensaft, Limettensaft und 2 EL Olivenöl mischen, mit Salz und Pfeffer würzen.

**4**  Party-Gambas waschen und mit Küchenpapier trocken tupfen. 1 EL Olivenöl in einer beschichteten Pfanne erhitzen. Die Gambas darin bei mittlerer Hitze unter Rühren 2–3 Min. anbraten. Sambal Oelek und 1 EL Limettensaft unterrühren, vom Herd nehmen.

**5**  Avocado halbieren, entkernen und schälen. Das Fruchtfleisch grob würfeln, in einem hohen Rührbecher mit Joghurt und je 1 EL Orangen- und Limettensaft fein pürieren. Mit Salz und Pfeffer abschmecken. Couscoussalat mit Chili-Garnelen und Avocado-Dip anrichten.

# couscoussalat mit kichererbsen

200 ml Gemüsebrühe
150 g Instant-Couscous
1 Dose Kichererbsen (Abtropfgewicht 265 g)
10 Cocktailtomaten
60 g italienische Salami (am Stück)
3 Frühlingszwiebeln | 3–4 EL Zitronensaft
1 TL Harissa (Chilipaste, aus der Tube)
2 EL Olivenöl | Salz | Pfeffer

Für 2 Personen
Pro Portion ca. 590 kcal, 21 g EW, 21 g F, 76 g KH

**1**  Die Gemüsebrühe aufkochen. Couscous in einer Schüssel mit der Brühe mischen und nach Packungsangabe quellen lassen.

**2**  Inzwischen die Kichererbsen abtropfen lassen. Die Tomaten waschen, längs halbieren und die Stielansätze entfernen. Von der Salami die Haut abziehen. Die Salami in dicke Scheiben schneiden, diese sehr fein würfeln. Die Frühlingszwiebeln putzen, waschen und in feine Ringe schneiden.

**3**  Tomaten, Salami, Frühlingszwiebeln und Kichererbsen zum Couscous geben. Zitronensaft, Harissa, Olivenöl, Salz und Pfeffer dazugeben und den Salat gut durchmischen. Der Salat schmeckt noch besser, wenn er 10 Min. durchzieht.

# apfel-gurken-salat mit räucherlachs

1 grüner Bio-Apfel (Granny Smith, ca. 150 g)
3 EL Zitronensaft
1 kleine Bio-Gurke (ca. 150 g)
3 EL Schmant | 2 EL gehackter TK-Dill
Salz | Pfeffer | Zucker
80 g Räucherlachs (in Scheibchen)

Für 2 Personen
Pro Portion ca. 205 kcal, 12 g EW, 12 g F, 12 g KH

**1** Apfel waschen, halbieren und entkernen. Apfelhälften längs in feine Spalten schneiden, fächerförmig auf einer kleinen Platte oder auf zwei Tellern anrichten und mit 2 EL Zitronensaft beträufeln.

**2** Gurke waschen, längs halbieren und die Kerne herausschaben. Hälften in feine Scheiben schneiden.

**3** Schmant mit 1 EL Zitronensaft und Dill verrühren. Gurken untermischen, mit Salz, Pfeffer und 1–2 Prisen Zucker abschmecken.

**4** Schmantgurken und Räucherlachs-Scheiben dekorativ auf den Apfelspalten anrichten.

# fenchelsalat mit räucherforelle

¼ Friséesalat
½ Radicchio
1 Fenchelknolle (ca. 100 g)
½ rosa Grapefruit
1 geräuchertes Forellenfilet (ohne Haut; ca. 120 g)
4 EL Joghurt
1 TL geriebener Meerrettich (aus dem Glas)
1 TL Zitronensaft
1 EL Sahne
Salz | Pfeffer
2 EL grob gehackte Walnusskerne

Für 2 Personen
Pro Portion ca. 235 kcal, 17 g EW, 11 g F, 17 g KH

**1** Friséesalat und Radicchio putzen, waschen, trocken schleudern, in mundgerechte Stücke zupfen und auf zwei Teller verteilen.

**2** Fenchel putzen, waschen, längs halbieren und den harten inneren Strunk keilförmig herausschneiden. Fenchel in ganz feine Scheiben schneiden oder hobeln und auf dem Salat verteilen.

**3** Mit einem scharfen dünnen Messer in der Grapefruithälfte die Filets aus den Häutchen schneiden. Über einer Schüssel die Filets mit einem Löffel oder der Messerspitze herauslösen, den Saft dabei auffangen. Forellenfilet in mundgerechte Stücke zupfen oder schneiden. Mit den Grapefruitfilets auf dem Salat anrichten.

**4** Joghurt mit Meerrettich, Zitronensaft, Sahne und 1–2 EL Grapefruitsaft verrühren, mit Salz und Pfeffer abschmecken. Salat mit dem Dressing beträufeln und mit Walnüssen bestreut servieren.

**AUCH SCHÖN** mit Orangenfilets und gerösteten Pinienkernen statt Grapefruit und Walnüssen

MIT RUCOLA

# mittelmeer-kartoffelsalat

400 g kleine festkochende Kartoffeln
Salz
3 EL Orangensaft
Pfeffer
1 TL Dijonsenf
2 EL Balsamico bianco
3 EL Olivenöl
2 Handvoll Rucolablättchen
5 getrocknete, in Öl eingelegte Tomaten
50 g schwarze Oliven ohne Stein
2 EL TK-Schnittlauch

Für 2 Personen
Pro Portion ca. 345 kcal, 4 g EW, 22 g F, 28 g KH

1 Die Kartoffeln schälen, waschen und der Länge nach in Spalten schneiden. In kochendem Salzwasser 6–8 Min. garen, in ein Sieb abgießen und abtropfen lassen.

2 Orangensaft mit Salz, Pfeffer, Senf, 1 EL Balsamico bianco und Olivenöl vermischen. Die Vinaigrette vorsichtig unter die warmen Kartoffeln mischen.

3 Rucola putzen, waschen und trocken schleudern. Große Blätter 1- bis 2-mal durchschneiden. Die eingelegten Tomaten in Streifen schneiden. Rucola, Tomaten, Oliven und Schnittlauch zu den Kartoffeln geben, mit Essig, Salz und Pfeffer abschmecken.

MIT KNUSPER-CROÛTONS

# rucola-tomaten-salat

50 g getrocknete, in Öl eingelegte Tomaten
2 Scheiben Vollkorntoast (ca. 50 g)
100 g Cocktailtomaten
120 g Rucola
2 EL Olivenöl
1 EL Balsamico bianco
Salz | Pfeffer | Zucker
4 EL gehobelter Parmesan

Für 2 Personen
Pro Portion ca. 305 kcal, 11 g EW, 20 g F, 14 g KH

1 Eingelegte Tomaten auf Küchenpapier abtropfen lassen und quer in feine Streifen schneiden. Toastscheiben in ca. 1 cm große Würfel schneiden. 1 EL Tomaten-Öl (aus dem Glas) in einer beschichteten Pfanne erhitzen, die Brotstücke darin unter Rühren in 3–4 Min. hellbraun braten. Herausnehmen.

2 Tomaten waschen, längs halbieren und die Stielansätze entfernen. Rucola putzen, waschen und trocken schleudern oder mit Küchenpapier trocken tupfen. Eingelegte Tomaten, Cocktailtomaten und Rucola in eine Schüssel geben.

3 Olivenöl mit Essig, Salz, Pfeffer und 1–2 Prisen Zucker verrühren und zum Salat geben. Gut unterheben, mit Salz und Pfeffer abschmecken.

4 Salat auf zwei Teller verteilen, mit Parmesan und den Croûtons bestreut servieren.

oben: rucola-tomaten-salat | unten: mittelmeer-kartoffelsalat

# feldsalat
# mit champignons

50 g Frühstücksspeck (in Scheiben)
120 g Feldsalat
100 g kleine Champignons
1 EL Weißweinessig
1 TL Dijonsenf
40 g Sahne
Salz | Pfeffer | Zucker

Für 2 Personen
Pro Portion ca. 240 kcal, 5 g EW, 23 g F, 3 g KH

1 Frühstücksspeck würfeln und in einer beschichteten Pfanne ohne Fett bei mittlerer Hitze unter Rühren in 4–5 Min. knusprig ausbraten.

2 Feldsalat putzen, gründlich waschen, trocken schleudern und auf zwei Teller verteilen. Die Champignons putzen, mit Küchenpapier abreiben und längs in sehr feine Scheiben schneiden, auf dem Feldsalat verteilen.

3 Essig, Senf und Sahne mit Salz, Pfeffer und 1–2 Prisen Zucker verrühren. Salat mit der Sauce beträufeln, mit dem gebratenen Speck bestreuen und servieren.

**AUCH SCHÖN 2 hart gekochte Eier pellen und fein hacken, auf den Feldsalat streuen**

# rote-bete-salat mit roastbeef

200 g gegarte Rote Beten (Folienbeutel)
80 g Stangensellerie
1 Möhre (ca. 100 g)
1 rote Zwiebel (ca. 100 g)
80 g Roastbeef-Aufschnitt
1 Knoblauchzehe
2 EL Olivenöl
1 EL Aceto balsamico
1 EL Orangensaft
1 TL Dijonsenf
1 TL Meerrettich (aus dem Glas)
1 EL Ahornsirup
Salz | Pfeffer
½ Kästchen Kresse

Für 2 Personen
Pro Portion ca. 235 kcal, 13 g EW, 13 g F, 17 g KH

1 Die Roten Beten quer in Scheiben, diese längs in feine Streifen schneiden. Den Sellerie putzen, waschen und quer in feine Scheiben schneiden. Die Möhre schälen und grob raspeln. Die Zwiebel schälen, halbieren und längs in sehr feine Spalten schneiden. Das Roastbeef quer in ca. 1 cm breite Streifen schneiden. Den Knoblauch schälen und fein hacken.

2 Olivenöl mit Essig, Orangensaft, Dijonsenf, Meerrettich, Ahornsirup, Salz und Pfeffer in einer Schüssel gründlich verrühren. Alle Zutaten mit der Vinaigrette mischen, mit Salz und Pfeffer abschmecken und mit Kresse bestreut servieren.

**AUCH SCHÖN ohne Roastbeef als Beilagensalat oder zu neuen Kartoffeln**

SOMMERLEICHT
# tortellini-salat

250 g frische Käse-Tortellini (Kühlregal)
Salz
10 Mini-Mozzarellabällchen
10 Cocktailtomaten
1 Knoblauchzehe
1 EL Zitronensaft
1 EL Balsamico bianco
2 EL Olivenöl
2 EL fein gehackte Basilikumblättchen
Pfeffer

Für 2 Personen
Pro Portion ca. 680 kcal, 29 g EW, 29 g F, 73 g KH

1  Die Tortellini nach Packungsanweisung in kochendem Salzwasser garen, in ein Sieb abgießen, kalt abspülen und gut abtropfen lassen.

2  Die Mozzarellabällchen halbieren. Die Tomaten waschen, längs halbieren und die Stielansätze entfernen. Knoblauch schälen und fein hacken.

3  Alles in einer Schüssel mit Zitronensaft, Essig, Olivenöl und Basilikum mischen, mit Salz und Pfeffer kräftig abschmecken.

ALL'ITALIANA
# blumenkohlsalat

½ Blumenkohl (ca. 400 g) | Salz
1 Knoblauchzehe
2 Sardellenfilets in Öl (ca. 20 g)
1 kleine getrocknete Peperoni
3 EL Olivenöl
1 EL Zitronensaft
2 EL Kapern
Pfeffer
40 g kleine schwarze Oliven ohne Stein
60 g Mini-Mozzarellabällchen
2 hart gekochte Eier

Für 2 Personen
Pro Portion ca. 355 kcal, 17 g EW, 29 g F, 7 g KH

1  Blumenkohl putzen, in Röschen zerteilen und waschen. In kochendem Salzwasser 5–6 Min. garen. In ein Sieb abgießen, kalt abspülen, abtropfen lassen und in eine Schüssel geben.

2  Knoblauch schälen und fein hacken. Sardellenfilets auf Küchenpapier abtropfen lassen und fein hacken. Peperoni zerbröseln oder fein hacken.

3  Olivenöl in einer kleinen beschichtete Pfanne erhitzen. Knoblauch, Sardellenfilets und Peperoni darin unter Rühren 2–3 Min. andünsten. Zitronensaft und Kapern dazugeben, noch 1 Min. dünsten. Die heiße Vinaigrette zum Blumenkohl geben, unterheben und alles mit Salz und Pfeffer würzen.

4  Oliven und Mozzarellabällchen längs halbieren, zum Blumenkohl geben und gut unterheben. Mit Salz und Pfeffer abschmecken, auf zwei große Pastateller oder Salatschüsseln verteilen. Die Eier pellen, quer in Scheiben schneiden und auf den Salaten anrichten.

oben: blumenkohlsalat | unten: tortellini-salat

KÄSE-WÜRZIG
# bunter rucolasalat

120 g Rucola
6 Radieschen
100 g Champignons
2 Frühlingszwiebeln
1–2 EL Aceto balsamico
3 EL Olivenöl
1 TL Dijonsenf
Salz | Pfeffer
100 g Fetakäse
6 Kapernäpfel (oder 1–2 EL große Kapern)

Für 2 Personen
Pro Portion ca. 300 kcal, 12 g EW, 25 g F, 6 g KH

**1** Rucola putzen, waschen und trocken schleudern. Die Radieschen putzen, waschen und quer in Scheiben schneiden. Die Pilze putzen und längs in feine Scheiben schneiden. Die Frühlingszwiebeln putzen, waschen und in feine Ringe schneiden.

**2** Den Essig mit Olivenöl, Senf, Salz und Pfeffer verrühren. In einer Schüssel Rucola, Radieschen, Champignons und Frühlingszwiebeln mit der Vinaigrette mischen, mit Salz und Pfeffer abschmecken.

**3** Den Feta grob würfeln und mit den Kapernäpfeln auf dem Salat verteilen.

**AUCH SCHÖN** statt Rucola Löwenzahnblätter nehmen

AUS GRIECHENLAND
# salat mit bratkäse

2 kleine Bio-Gurken (à ca. 150 g)
250 g Cocktailtomaten
80 g schwarze Oliven ohne Stein
4 Frühlingszwiebeln
4 EL Olivenöl
1–2 EL Zitronensaft
Salz | Pfeffer
Samabal Oelek
200 g Halloumi-Käse (zypriotischer Bratkäse, Kühlregal)
getrocknetes Oregano

Für 2 Personen
Pro Portion ca. 610 kcal, 24 g EW, 51 g F, 10 g KH

**1** Gurken putzen, waschen, längs halbieren und mit einem kleinen Löffel die Kerne entfernen. Das Fruchtfleisch quer in feine Scheiben schneiden. Tomaten waschen, längs halbieren oder vierteln, Stielansätze entfernen. Oliven längs halbieren. Frühlingszwiebeln putzen, waschen und schräg in feine Ringe schneiden. Gurken, Tomaten, Oliven und Frühlingszwiebeln in eine Schüssel geben.

**2** 3 EL Olivenöl mit Zitronensaft, Salz, Pfeffer und ¼ TL Sambal Oelek verrühren, zum Salat-Mix geben und alles gut mischen.

**3** Halloumi-Käse in 2 gleich große Stücke teilen. 1 EL Olivenöl in einer beschichteten Pfanne erhitzen. Den Käse darin bei mittlerer Hitze 4–5 Min. braten, einmal wenden. Gebratenen Käse auf dem Salat anrichten und mit 1 TL Oregano bestreut servieren.

oben: bunter rucolasalat | unten: salat mit bratkäse

FRUCHTIG

# melonensalat mit gambas

150 g Party-Gambas
1 Knoblauchzehe | 1 EL Olivenöl
2 EL Zitronensaft | Salz | Cayennepfeffer
2 EL Mayonnaise | 1 EL fettarmer Joghurt
2 EL Ketchup | 2 EL Orangensaft
Zucker | gemahlener Ingwer
2 Handvoll Rucolablättchen
½ Honigmelone (ca. 300 g)

Für 2 Personen
Pro Portion ca. 300 kcal, 16 g EW, 16 g F, 23 g KH

**1** Gambas waschen und trocken tupfen. Knoblauch schälen. Öl in einer Pfanne erhitzen, beides darin bei schwacher Hitze 3–4 Min. rührbraten. Mit 1 EL Zitronensaft beträufeln, mit Salz und Cayennepfeffer würzen.

**2** Mayonnaise mit Joghurt, Ketchup, Orangensaft, Salz, Cayennepfeffer sowie je 1–2 Prisen Zucker und Ingwer mischen.

**3** Rucola putzen, waschen und trocken tupfen. Melone längs in Spalten schneiden, schälen, entkernen und quer in feine Scheiben schneiden. Rucola, Melone und Gambas mit der Cocktailsauce anrichten.

SOMMERFRISCH

# zucchinisalat mit melone

¼ Endivien- oder Friséesalat
2 Zucchini (ca. 200 g)
1 Möhre
½ Honig- oder Charentais-Melone (ca. 300 g)
1 kleine Dose Mais (Abtropfgewicht 140 g)
4 Scheiben geräucherte Putenbrust (ca. 50 g)
2 EL Mayonnaise
2 EL Joghurt
1 EL Orangensaft
1 TL Zitronensaft
Salz | Pfeffer

Für 2 Personen
Pro Portion ca. 230 kcal, 11 g EW, 11 g F, 20 g KH

**1** Den Salat putzen, waschen, trocken schleudern und in mundgerechte Stücke zupfen. Die Zucchini putzen, waschen und in feine Scheiben schneiden. Die Möhre schälen und grob raspeln.

**2** Die Melone entkernen. Das Fruchtfleisch mit einem Kugelausstecher in Bällchen schneiden. (Oder die Melone schälen, vierteln und quer in feine Scheiben schneiden.) Den Mais abgießen. Die Putenbrust in Streifen schneiden.

**3** Salat, Zucchini, Möhrenraspel, Melonenbällchen, Maiskörner und Putenbrustscheiben dekorativ auf zwei Tellern anrichten.

**4** Die Mayonnaise mit Joghurt, Orangensaft, Zitronensaft mischen und mit Salz und Pfeffer abschmecken. Die Salate mit der Sauce beträufeln.

KNACKIG FRISCH

# schinken-käse-salat

1 Schalotte | 8 Radieschen
1 kleine Salatgurke (ca. 150 g)
1 gelbe Paprikaschote (ca. 150 g)
50 g Emmentaler (in Scheiben)
100 g Putenschinken (in Scheiben)
1 EL Weißweinessig
3 EL abgekühlte Gemüsebrühe
2 EL Öl | 1 TL Dijonsenf | Salz | Pfeffer
2 EL TK-Petersilie

Für 2 Personen
Pro Portion ca. 280 kcal, 19 g EW, 20 g F, 5 g KH

1   Die Schalotte schälen und hacken. Radieschen putzen, waschen und in feine Spalten schneiden. Gurke
schälen und längs in feine Streifen schneiden.

2   Paprikaschote waschen, vierteln, putzen und quer in
feine Streifen schneiden. Emmentaler und Putenschinken ebenfalls in feine Streifen schneiden.

3   Essig, Brühe, Öl und Senf mit Salz und Pfeffer verrühren. Alle Zutaten mit der Vinaigrette und der Petersilie
mischen. Mit Salz und Pfeffer abschmecken.

**AUCH SCHÖN   mit jungem Gouda und magerem gekoch-
tem Schinken**

AUCH FÜR GÄSTE

# malaga-reissalat

1 Beutel 8-Minuten-Reis (125 g)
Salz | 1 Knoblauchzehe
2 EL Zitronensaft
2 EL Olivenöl
4 Frühlingszwiebeln
1 kleine rote Paprikaschote (ca. 150 g)
Cayennepfeffer
getrocknetes Oregano
1 Dose Thunfisch in Olivenöl (Abtropfgewicht 140 g)

Für 2 Personen
Pro Portion ca. 415 kcal, 22 g EW, 19 g F, 51 g KH

1   1 l Salzwasser aufkochen, den Reis darin nach
Packungsangabe garen. In ein Sieb abgießen, kalt
abspülen und gut abtropfen lassen. Reis aus dem Beutel in eine Schüssel geben.

2   Den Knoblauch schälen und fein hacken. Knoblauch,
1 EL Zitronensaft und Olivenöl zum lauwarmen Reis
geben, alles gut mischen.

3   Frühlingszwiebeln putzen, waschen und in feine
Ringe schneiden; die Hälfte beiseitelegen. Paprikaschote putzen, waschen, längs halbieren, Fruchtfleisch
in kleine Würfel schneiden. Die Hälfte der Zwiebelringe
und Paprikawürfel zum Reis geben. Alles mit Salz,
Cayennepfeffer und Oregano würzen.

4   Thunfisch in ein Sieb abgießen und abtropfen lassen. In einer kleinen Schüssel mit 1 EL Zitronensaft,
Salz und Cayennepfeffer mischen.

5   Den Reissalat auf Teller verteilen. Den Thunfisch
darauf anrichten, mit den restlichen Frühlingszwiebeln
und Paprikawürfeln bestreuen.

**NOCH SCHNELLER
... geht's mit Express Langkornreis.**

# SNACKS
ZUM SATTESSEN

# DIE BESTE »BASIS« FÜR SCHNELLE SNACKS

*... sind eingeschweißte, vorgebackene Tortilla-Wraps, Pizzateig aus dem Kühlregal, kleine Fladen- und Pita-Brote, Baguette, Ciabatta, Burger-Brötchen oder Toast, den man auch als Vorrat einfrieren und so scheibenweise jederzeit bei Bedarf verwenden kann.*

## SCHNELLE BROTE

Spanisches Knoblauchbrot, Pizza- und Rouille-Brot (s. S. 13) sind auch schnell fertig, ebenso Mascarpone-Tramezzini, Pizza-Ecken und Käse-Tacos (alle S. 133).

## EINMAL DIPPEN, BITTE!

Bestens geeignet sind der Peperonato- und Tomato-Aufstrich (s. S. 153), die Ricottacreme (s. S. 166) sowie Asia-, Mexiko- und Orient-Dip (s. S. 37). Zum Dippen Grissini, Käsestangen oder Rohkost-Sticks servieren.

## GENAU DAS RICHTIGE FÜRS BÜRO

... sind kalte Snacks, die man vorbereiten und mitnehmen kann. Bestens geeignet sind hier zum Beispiel: gefülltes Pita-Brot, Sommerfladen oder angemachter Ziegenkäse mit geröstetem Baguette, als Take-away dann einfach mal nicht überbacken! Auch den Tomato- oder Peperonato-Aufstrich kann man mitnehmen und mit Grissini essen.

# feine aufstriche für blitz-brötchen

## PEPERONATO

Für 2 Personen 4 EL Frischkäse (light) mit 1 EL Ayvar und je 1 TL Orangen- und Zitronensaft mischen, mit Salz und Cayennepfeffer abschmecken.

## TOMATO

Für 2 Personen 40 g grob gewürfelte, in Öl eingelegte, getrocknete Tomaten (aus dem Glas) mit 1 geschälten Knoblauchzehe, 3 EL Mascarpone und 1 EL Aceto balsamico fein pürieren. Mit je 1 TL Orangen- und Zitronensaft, Salz, Pfeffer und 1 Prise Zucker würzen.

## MARMELATO

Für 2 Personen 100 g Erdbeeren putzen, waschen, halbieren (oder 80 g TK-Erdbeeren auftauen) und mit 3 EL Mascarpone, ½ Päckchen Bourbon-Vanillezucker und 1 EL Orangensaft in einen hohen Rührbecher geben, alles fein pürieren.

ITALIAN BURGER

# thunfisch-panini

2 Hamburger-Brötchen mit Sesam
4 EL Mayonnaise
1 Handvoll Rucolablättchen
1 Tomate (ca. 100 g)
1 kleine Dose Thunfisch naturell (Abtropfgewicht 56 g)
1 EL Zitronensaft
Salz | Pfeffer
2 EL Olivenöl

Für 2 Personen
Pro Portion ca. 540 kcal, 12 g EW, 44 g F, 24 g KH

1  Die Brötchen quer aufschneiden und jede Hälfte mit
1 EL Mayonnaise bestreichen. Rucola putzen, waschen
und trocken schütteln. Tomate waschen, vom Stielansatz befreien und quer in 4 Scheiben schneiden.

2  Den Thunfisch abtropfen lassen und in einer kleinen
Schüssel mit Zitronensaft, Salz und Pfeffer mischen.
Den Thunfisch auf den unteren Brötchenhälften verteilen und leicht andrücken. Rucola und Tomatenscheiben
darauflegen, mit Salz und Pfeffer bestreuen. Obere
Brötchenhälften aufsetzen und die gefüllten Brötchen
leicht flach drücken.

3  Olivenöl in einer Pfanne erhitzen, die Thunfisch-
Panini darin bei schwacher Hitze von jeder Seite
2–3 Min. braten. Panini herausnehmen, halbieren
und gleich servieren.

GUT FÜR DIE PARTY

# toskana-bohnen mit thunfisch

1 Dose weiße Riesenbohnen (Abtropfgewicht 250 g)
1 Dose Thunfisch in Olivenöl (Abtropfgewicht 140 g)
1 kleine Bio-Salatgurke (ca. 150 g)
1 Tomate (ca. 100 g)
1 kleine gelbe Paprikaschote (ca. 150 g)
1–2 EL Aceto balsamico
1 EL Zitronensaft
2 EL Olivenöl
2 EL TK-Petersilie
Salz | Pfeffer

Für 2 Personen
Pro Portion ca. 440 kcal, 25 g EW, 26 g F, 26 g KH

1  Bohnen aus der Dose in ein Sieb abgießen, kalt
abspülen und gut abtropfen lassen. Thunfisch abgießen, in eine Schüssel geben und mit einer Gabel grob
zerkleinern. Bohnen mit dem Thunfisch mischen.

2  Gurke waschen, längs halbieren und die Kerne mit
einem kleinen Löffel herausschaben. Gurkenhälften
klein würfeln. Tomate waschen, halbieren, von Stielansatz und Kernen befreien und ebenfalls klein würfeln.
Paprikaschote waschen, längs vierteln, putzen und
klein würfeln.

3  Gurken-, Tomaten- und Paprikawürfel mit Essig, Zitronensaft, Olivenöl und Petersilie zum Bohnen-Thunfisch-
Mix geben, alles gut vermengen und mit Salz und Pfeffer abschmecken.

AUCH SCHÖN als Füllung für kleine Pita-Brote

oben: thunfisch-panini | unten: toskana-bohnen mit thunfisch

ORIENT-WÜRZIG

# fladenbrot-pizza

3 Frühlingszwiebeln | 1 Knoblauchzehe
1 EL Olivenöl | 250 g Rinderhackfleisch
5 EL Tomatenmark
1 EL feuriges Ayvar (Paprikapüree, aus dem Glas)
Salz | gemahlener Kreuzkümmel | Pfeffer
1 Fladenbrot (20 cm Ø) | 1 kleine rote Zwiebel
100 g Fetakäse | 4 eingelegte Peperoni (aus dem Glas)

Für 2 Personen
Pro Portion ca. 1020 kcal, 53 g EW, 27 g F, 119 g KH

1   Backofen auf 200° (Umluft 180°) vorheizen. Frühlingszwiebeln putzen, waschen und in feine Ringe
schneiden. Knoblauch schälen und fein hacken. 1 EL Öl
in einer beschichteten Pfanne erhitzen, beides darin bei
mittlerer Hitze unter Rühren anbraten.

2   Hackfleisch unter Rühren 3–4 Min. mitbraten, vom
Herd nehmen, mit 1 EL Tomatenmark, Ayvar, Salz,
Kreuzkümmel und Pfeffer würzen.

3   Brot quer halbieren. Hälften auf ein mit Backpapier
ausgelegtes Backblech legen, mit je 2 EL Tomatenmark
bestreichen. Zwiebel schälen und in feine Ringe schneiden. Feta grob würfeln. Hackfleisch, Zwiebel, Peperoni
und Feta auf den Hälften verteilen. Die Brote im Ofen
(Mitte) 5–6 Min. backen.

TEX-MEX

# chilibohnen-tortilla-pizza

1 Dose Baked Beans (400 g)
3 EL süßscharfe Chilisauce
4 EL geriebener Gouda
4 Tortilla-Wraps
2 EL Öl

Für 2 Personen
Pro Portion ca. 500 kcal, 19 g EW, 16 g F, 74 g KH

1   Die Baked Beans aus der Dose in ein Sieb abgießen
und abtropfen lassen. Bohnen in einer Schüssel mit
Chilisauce und Käse mischen.

2   Die Bohnenmasse auf 2 Tortillas verteilen, dabei
einen jeweils ca. 1 cm breiten Rand frei lassen. Die beiden restlichen Tortillas auf die Bohnen legen, gut
andrücken.

3   In zwei beschichteten Pfannen je 1 EL Öl erhitzen,
die Tortilla-Pizzen hineingeben und bei mittlerer Hitze
2–3 Min. braten, dann vorsichtig mit einem Pfannen-
wender umdrehen und 2–3 Min. weiterbraten.

4   Pizzen aus den Pfannen auf Teller gleiten lassen und
wie Kuchen in Stücke schneiden.

# pizza-crostini

4 Scheiben Vollkorn-Toast
3–4 EL Tomatenmark
2 dünne Scheiben gekochter Schinken (ca. 25 g)
20 g italienische Salami (in feinen Scheibchen)
4 Cocktailtomaten
4 Basilikumblättchen
Salz | Pfeffer
2 Artischockenherzen (aus dem Glas, in Öl)
4 grüne Oliven mit Paprikafüllung
40 g Bel Paese (ital. Weichkäse)

Für 2 Personen
Pro Portion ca. 275 kcal, 15 g EW, 13 g F, 22 g KH

1  Den Backofen auf 200° (Umluft 180°) vorheizen. Brotscheiben im Toaster leicht anrösten, diagonal halbieren, mit dem Tomatenmark bestreichen und auf ein mit Backpapier belegtes Blech setzen.

2  Schinken ohne Fettrand in mundgerechte Stücke zupfen, auf 4 Toast-Diagonale legen, die 4 anderen mit Salami belegen.

3  Cocktailtomaten waschen, quer in Scheibchen schneiden, dabei die Stielansätze entfernen. Basilikum waschen und trocken tupfen. Die 4 Salami-Dreiecke mit Tomaten und den Basilikumblättchen belegen, mit Salz und Pfeffer würzen.

4  Artischockenherzen auf Küchenpapier abtropfen lassen, längs in Scheiben schneiden. Oliven ebenfalls abtropfen lassen, quer in Scheiben schneiden. Die Schinken-Ecken mit Artischocken und Oliven belegen.

5  Den Bel Paese entrinden, fein würfeln und gleichmäßig auf den Broten verteilen. Alles im Ofen (Mitte) 4–5 Min. überbacken.

# rucola-pizza

250 g runder Pizzateig (Fertigprodukt, Kühlregal)
1 Knoblauchzehe
4 EL passierte Tomaten (Fertigprodukt)
Salz | Pfeffer
4 EL geriebener Käse (z. B. Emmentaler, Gouda, Mozzarella)
2 Handvoll Rucolablättchen
4 dünne Scheiben Parmaschinken (ca. 40 g)
2 EL Olivenöl
2 EL frisch gehobelter Parmesan

Für 2 Personen
Pro Portion ca. 1050 kcal, 34 g EW, 40 g F, 131 g KH

1  Backofen für die Pizza nach Packungsangabe auf 250° (Umluft 230°) vorheizen. Pizzateig mit dem Backpapier auf einem Backblech auslegen. Aus dem Teig mithilfe einer Schüssel 2 Pizzen à ca. 15 cm Ø ausschneiden. Den restlichen Teig entfernen.

2  Knoblauch schälen und fein hacken. Jede Pizza mit 2 EL Tomaten bestreichen, alles mit Knoblauch, Salz, Pfeffer und dem Käse bestreuen. Pizzen im Ofen (Mitte) nach Packungsangabe 10–12 Min. backen.

3  Inzwischen die Rucolablätter putzen, waschen und mit Küchenpapier trocken tupfen. Den Schinken in mundgerechte Stücke zerteilen.

4  Pizzen aus dem Ofen nehmen, mit Rucolablättchen und Parmaschinken belegen. Je 1 EL Öl darüberträufeln und mit Parmesan bestreut servieren.

**NOCH SCHNELLER**
… geht's als große Pizza – nach dem Backen einfach halbieren und dann mit Rucola und Parmaschinken belegen.

**AUCH SCHÖN**  ist Pizza Margarita: dafür Rucola und Schinken weglassen und das Tomaten-Passato nach Belieben zusätzlich mit 1 kleinen, getrockneten und zerbröselten Peperoni »nachschärfen«.

ITALIENISCH WRAPEN

# napoli-röllchen

2 Handvoll Rucolablättchen
8 Cocktailtomaten
1 Knoblauchzehe
100 g cremiger Ricotta
2 EL fein gehackte Basilikumblättchen
1 EL Balsamico bianco
Salz | Pfeffer
2 Tortilla-Wraps

Für 2 Personen
Pro Portion ca. 180 kcal, 9 g EW, 7 g F, 17 g KH

1  Den Rucola putzen, waschen, trocken schleudern
und grob hacken. Die Tomaten waschen und vierteln,
Stielansätze und Kerne entfernen.

2  Knoblauch schälen und hacken. Mit Ricotta, Basilikum, Essig, Salz und Pfeffer in einen hohen Rührbecher
geben. Alles fein pürieren.

3  Die Wraps nach Packungsangabe zubereiten und mit
Ricottacreme bestreichen. Rucola und Tomaten darauf
verteilen, die Wraps aufrollen und servieren.

**NOCH SCHNELLER**
… geht's mit TK-Basilikum.

**AUCH SCHÖN**  Creme als Aufstrich, Tomaten und Rucola
für knusprig geröstete Ciabatta-Scheiben nehmen

AUCH ZUM APERITIF

# ananas-carpaccio

½ Ananas (ca. 300 g)
1 EL Zitronensaft
2 EL Olivenöl
Salz | Cayennepfeffer
6 dünne Scheiben Parmaschinken (ca. 40 g)
6 Grissini (ital. Knabberstangen)
40 g schnittfester Ziegenkäse (z. B. junger Pecorino)

Für 2 Personen
Pro Portion ca. 285 kcal, 10 g EW, 18 g F, 20 g KH

1  Die Ananas schälen, längs halbieren und den harten
inneren Strunk entfernen. Das Fruchtfleisch quer in
feine Scheiben schneiden, fächerförmig auf zwei großen Tellern anrichten.

2  Zitronensaft und Olivenöl in einer kleinen Schüssel
mit Salz und Cayennepfeffer verrühren und über die
Ananas träufeln.

3  Die Schinkenscheiben um die Grissini wickeln. Den
Käse in feine Scheiben schneiden oder hobeln, beides
auf den Tellern anrichten.

**NOCH SCHNELLER**
… geht's mit natürsüßen Ananasstückchen aus der Dose.

**AUCH SCHÖN**  mit fein geschnittenen Melonen- oder
Mangospalten

oben: ananas-carpaccio | unten: napoli-röllchen

GRIECHISCH
# sommerfladen

50 g schwarze Oliven ohne Stein
2 Sardellenfilets in Salz
1 EL Pinienkerne
2 EL Olivenöl | Pfeffer | 2 Tomaten
50 g Bio-Salatgurke
2 eingelegte, milde Peperoni
2–4 Blätter Romanasalat | 100 g Fetakäse
½ Fladenbrot

Für 2 Personen
Pro Portion ca. 565 kcal, 18 g EW, 28 g F, 61 g KH

1   Oliven mit Sardellen, Pinienkernen und Olivenöl im Mixer fein pürieren, mit Pfeffer abschmecken.

2   Tomaten waschen, halbieren, von Stielansätzen befreien und quer in Scheiben schneiden. Gurke waschen und in Scheiben schneiden. Peperoni in breite Ringe schneiden. Salat putzen, waschen, abtrocknen und in breite Streifen schneiden. Feta grob würfeln.

3   Fladenbrot halbieren und aufschneiden. Die Innenseiten nach Belieben auf dem Brötchenaufsatz des Toasters leicht rösten. Fladenbrote mit Olivenpaste bestreichen, mit Tomate, Gurke, Peperoni, Salat und Feta füllen. Zuklappen und leicht flach drücken.

MAL ANDERS
# fladenbrot »tonnato«

1 Dose Thunfisch in Olivenöl (Abtropfgewicht 140 g)
3 EL Mayonnaise
1 EL Zitronensaft
2 EL Kapern
Salz | Pfeffer | Zucker
4 Scheiben Roastbeef-Aufschnitt (ca. 60 g)
4 Cocktailtomaten
2 Handvoll Rucolablättchen
2 Fladenbrötchen (oder andere weiche Brötchen)

Für 2 Personen
Pro Portion ca. 575 kcal, 30 g EW, 32 g F, 41 g KH

1   Den Thunfisch abtropfen lassen. Ohne Öl mit Mayonnaise, Zitronensaft und Kapern fein pürieren. Mit Salz, Pfeffer und 1 Prise Zucker abschmecken.

2   Die Roastbeef-Scheiben übereinanderlegen und quer in ca. 1 cm breite Streifen schneiden. Die Tomaten waschen, von Stielansätzen befreien und quer in Scheiben schneiden. Den Rucola putzen, waschen und trocken schleudern.

3   Die Brötchen quer einschneiden, so dass sie noch zusammenhalten, etwas Krume herauslösen. Jedes Brötchen mit Thunfischcreme bestreichen, mit Roastbeef, Tomaten und Rucola belegen und je 1 Klecks Thunfischcreme daraufgeben. Die Brötchen zusammenklappen und leicht flach drücken.

**AUCH SCHÖN** Roastbeefscheiben mit Cocktailtomaten und Rucola dekorativ auf Tellern anrichten und die Tonnato-Sauce als Dip dazu reichen

WÜRZIG

# avocado-sandwich

1 EL feuriges Ayvar (Paprikapüree, aus dem Glas)
1 EL Tomatenmark
2 TL Zitronensaft | Salz | Cayennepfeffer
½ reife Avocado (ca. 100 g Fruchtfleisch)
½ rote Zwiebel
2 Scheiben junger Gouda
2 Baguettebrötchen
8 kleine Basilikumblättchen

Für 2 Personen
Pro Portion ca. 330 kcal, 12 g EW, 18 g F, 31 g KH

**1**  Backofen auf 200° (Umluft 180°) vorheizen. Ayvar mit Tomatenmark und 1 TL Zitronensaft verrühren, mit Salz und Cayennnepfeffer würzen.

**2**  Avocado schälen und längs in Spalten schneiden, mit 1 TL Zitronensaft beträufeln. Zwiebel schälen und in feine Ringe schneiden. Käse quer halbieren.

**3**  Brötchen längs halbieren und auf ein mit Backpapier ausgelegtes Backblech legen. Mit Ayvarcreme bestreichen und mit Avocado und Zwiebelringen belegen. Mit Salz und Cayennepfeffer würzen, je ½ Käsescheibe darauflegen. Im Ofen (Mitte) 4–5 Min. überbacken. Mit Basilikumblättchen belegen und servieren.

EDEL GEROLLT

# avocado-lachs-wraps

4 Salatblätter (z. B. Eichblatt oder Lollo rosso)
1 kleine reife Avocado
1 EL Zitronensaft
1 Frühlingszwiebel
1 EL Dijonsenf
1 EL Honig
1 EL Balsamico bianco
3 EL Sonnenblumenöl
2 EL TK-Dill
Salz | Pfeffer
2 Tortilla-Wraps
50 g Räucherlachs (in Scheiben)

Für 2 Wraps
Pro Portion ca. 495 kcal, 12 g EW, 38 g F, 25 g KH

**1**  Salatblätter putzen, waschen, mit Küchenpapier trocken tupfen und grob zerzupfen. Avocado halbieren, den Kern entfernen und die Schale von den Hälften abziehen. Das Fruchtfleisch längs in Spalten schneiden und mit Zitronensaft beträufeln. Die Frühlingszwiebel putzen, waschen und in feine Ringe schneiden.

**2**  Den Senf in einer kleinen Schüssel mit Honig, Essig, Öl, Dill, Salz und Pfeffer gründlich verrühren.

**3**  Die Wraps nach Packungsangabe zubereiten und mit Lachs belegen. Den Salat darauf verteilen und mit Sauce beträufeln. Avocadospalten längs in die Mitte der Wraps legen, Frühlingszwiebel darüberstreuen und die Wraps aufrollen.

PROVENCE-KLASSIKER

# ziegenkäse-croûtons

2 EL Olivenöl
6 dünne Scheiben Baguette
1 Knoblauchzehe
2 kleine Ziegenfrischkäse (à ca. 40 g)
2 EL Crème fraîche
Salz | Pfeffer

Für 2 Personen
Pro Portion ca. 415 kcal, 12 g EW, 25 g F, 35 g KH

**1**  1 EL Olivenöl in einer großen beschichteten Pfanne erhitzen. Die Baguettescheiben darin von jeder Seite bei mittlerer Hitze 2–3 Min. rösten. Den Backofengrill einschalten.

**2**  Knoblauch schälen und fein hacken. Ziegenkäse in einer Schüssel mit Crème fraîche und Knoblauch mischen, mit Salz und Pfeffer abschmecken.

**3**  Die Käsecreme auf den Baguettescheiben verteilen, auf ein mit Backpapier ausgelegtes Blech setzen. Brote mit dem restlichen Olivenöl beträufeln und unter dem Backofengrill in 3–4 Min. hellbraun überbacken.

**AUCH SCHÖN**  gewürzten Ziegenfrischkäse als Dip zu Gemüsesticks oder Grissini reichen

RAFFINIERT

# maiskolben mit asia-butter

2 Frühlingszwiebeln
1 Stück frischer Ingwer (ca. 2 cm)
50 g weiche Butter
1 TL Sambal Oelek
Salz
1 EL Öl
4 kleine gegarte Maiskolben (ca. 400 g; Folienpack)
8 Holzzahnstocher

Für 2 Personen
Pro Portion ca. 465 kcal, 6 g EW, 29 g F, 47 g KH

**1**  Die Frühlingszwiebeln putzen, waschen und fein hacken. Den Ingwer schälen und fein hacken. Beides mit der weichen Butter, Sambal Oelek und 1 Msp. Salz in eine Schüssel geben. Gründlich mischen.

**2**  Das Öl in einer beschichteten Pfanne erhitzen und die Maiskolben darin bei schwacher Hitze rundherum 5–6 Min. braten. Asia-Butter in die Pfanne geben, schmelzen lassen und anschließend die Maiskolben darin schwenken.

**3**  Die Maiskolben aus der Pfanne heben. Zum Servieren jeweils 1 Holzzahnstocher in die weiche Mitte der Kolbenenden stecken. Maiskolben an den Zahnstochern nehmen und rundherum abknabbern.

**AUCH SCHÖN**  Asia-Butter als Brotaufstrich

RAFFINIERT

# grüner cappuccino

2 Frühlingszwiebeln | 1 Knoblauchzehe
1 EL Olivenöl
300 g TK-Brokkoli
400 ml Gemüsebrühe
3 EL fein gehackte Basilikumblättchen
100 g Sahne
1 EL Balsamico bianco
Salz | Pfeffer
2 EL fein gehackte Haselnusskerne

Für 2 Personen
Pro Portion ca. 310 kcal, 9 g EW, 27 g F, 7 g KH

**1** Frühlingszwiebeln putzen, waschen und in feine Ringe schneiden. Knoblauch schälen und fein hacken. Olivenöl in einem Topf erhitzen, Zwiebeln und Knoblauch darin unter Rühren 2 Min. andünsten. Brokkoli unter Rühren 2 Min. mitdünsten. Brühe und Basilikum einrühren, zugedeckt bei mittlerer Hitze 6–8 Min. kochen. 70 g Sahne steif schlagen.

**2** 3 EL Sahne und 1 EL Balsamico bianco unter das Gemüse mischen, 2–3 Min. kochen lassen.

**3** Suppe fein pürieren, mit Salz und Pfeffer abschmecken und in große Tassen geben. Schlagsahne daraufsetzen, mit Haselnüssen bestreuen.

EXOTISCH

# chicken-wraps

200 g Hähnchenbrustfilet
1 Knoblauchzehe
½ rote Paprikaschote
1 EL Öl
1 EL Sojasauce
1 EL Orangensaft
1 EL flüssiger Honig
1 TL Sambal Oelek
Salz | Pfeffer
½ Dose Mangospalten (280 g Abtropfgewicht)
1 EL Weißweinessig
4 Tortilla-Wraps
2 große Kopfsalatblätter

Für 2 Wraps
Pro Portion ca. 400 kcal, 29 g EW, 8 g F, 51 g KH

**1** Hähnchenfleisch waschen, mit Küchenpapier trocken tupfen und quer in 1 cm breite Streifen schneiden. Knoblauch schälen und fein hacken. Paprikaschote waschen, putzen und würfeln.

**2** Das Öl in einer beschichteten Pfanne erhitzen. Hähnchenfleisch und die Hälfte des Knoblauchs darin bei mittlerer Hitze unter Rühren 2–3 Min. braten. Paprikawürfel, Sojasauce, Orangensaft und ½ EL Honig dazugeben. Mit ½ TL Sambal Oelek, Salz und Pfeffer würzen, bei schwacher Hitze 3 Min. kochen lassen.

**3** Währenddessen die Mangos abtropfen lassen. Eine Hälfte der Mangospalten mit ½ TL Sambal Oelek, ½ EL Honig, dem restlichen Knoblauch und dem Essig fein pürieren. Mit Salz abschmecken. Das restliche Mangofleisch würfeln.

**4** Die Wraps nach Packungsangabe zubereiten. Die Salatblätter waschen und abtrocknen, flach auf die Wraps legen. Das Fleisch mit Würzsauce und Mangowürfeln darauf verteilen. Die Wraps aufrollen und mit dem Mangodip servieren.

# SÜSSE
# BLITZDESSERTS

# SCHNELLE NACHSPEISEN

*... brauchen natürlich die passende Begleitung –*

*deshalb hier unsere Vorschläge für Menüs, die im*

*Handumdrehen fertig sind!*

## SÜSSE DRINKS

Die sind im Handumdrehen mit feinen, selbstgemachten Beeren-, Melone- oder Mangopürees gemixt. Das Püree mit Puderzucker abschmecken, jeweils 1–2 TL auf Gläser verteilen und mit Sekt, Prosecco, Cremant oder frisch gepresstem Orangensaft aufgießen.

## FEINE FRÜCHTCHEN

... gibt's tiefgekühlt im Supermarkt. Man kann sie prima auf Vorrat kaufen und so auch spontan und blitzschnell mal was Süßes zaubern.

## SÜSSE KNABBEREIEN

Sie sind die idealen Begleiter für unsere Desserts. Wie wäre es mit hauchdünnen Keksröllchen, knusprigen Eiswaffeln, feinen Oblaten, zarten Schokotäfelchen, eleganten Schoko-Sticks oder kernigen Schoko-Reiswaffeln zu Cremes und Eis?

SUPERSCHNELL UND EINFACH

# himbeeren mit eierlikör-creme

300 g Himbeeren (TK oder frisch)
2 EL Mascarpone
1 TL Puderzucker
4 EL Eierlikör

Für 2 Personen
Pro Portion ca. 190 kcal, 4 g EW, 8 g F, 21 g KH

1 Die TK-Beeren in zwei Dessertschälchen verteilen und 8–10 Min. auftauen lassen. Frische Beeren waschen und mit Küchenpapier trocken tupfen.

2 Den Mascarpone mit Puderzucker und Eierlikör in einer Schüssel mischen und mit einem kleinen Schneebesen glatt rühren.

3 Die Beeren mit je 1 Klecks Eierlikörcreme anrichten. Nach Belieben mit Melisseblättchen anrichten und mit Puderzucker bestäuben.

**AUCH SCHÖN** mit Brombeeren oder Heidelbeeren.
**ODER** statt Eierlikör frisch gepressten Orangensaft und 2 EL fein zerbröselte Baisers (gibt's beim Konditor) untermischen.
**ODER** als Party-Dessert die Himbeeren in kleinen Waffelbechern mit Schokoüberzug servieren.

TURBO-KLASSIKER

# beerengrütze

1 Päckchen TK-Waldbeeren-Mischung
2 EL Orangenlikör (nach Belieben)
1 EL Zucker
100 ml Orangensaft
1 EL Zitronensaft
1 gehäufter TL Speisestärke
4 EL Sahne

Für 2 Personen
Pro Portion ca. 190 kcal, 2 g EW, 7 g F, 29 g KH

1 Die Beeren in eine Schüssel geben und 8–10 Min. antauen lassen. Mit Orangenlikör beträufeln.

2 Zucker mit Orangen- und Zitronensaft in einem kleinen Topf erhitzen. Speisestärke mit 3 EL kaltem Wasser gründlich verrühren und zum kochenden Saft geben. Bei mittlerer Hitze 2–3 Min. kochen lassen, zu den Beeren geben und alles gründlich untermischen.

3 Die Grütze in zwei Dessertschälchen füllen und mit Sahne servieren.

**AUCH SCHÖN** Beerengrütze mit Vanille-Schlagsahne servieren



oben: himbeeren mit eierlikör-creme | unten: beerengrütze

# überbackener beeren-mix

1 Päckchen TK-Waldbeeren-Mischung
1 Päckchen Bourbon-Vanillezucker
40 g Amarettini (ital. Mandelkekse)
2 Eiweiß
2 EL Zucker
2 EL Ricotta
2 EL Puderzucker

Für 2 Personen
Pro Portion ca. 300 kcal, 7 g EW, 3 g F, 63 g KH

**1** Den Backofengrill einschalten. Tiefgekühlte Beeren auf zwei große feuerfeste Teller oder flache Schüsseln verteilen, mit Vanillezucker bestreuen.

**2** Die Amarettini in einen Gefrierbeutel geben, mit den Handballen fein zerkleinern. Die Brösel in der Mitte der Beeren verteilen.

**3** Die Eiweiße mit 2 EL Zucker steif schlagen. Eischnee unter den Ricotta heben. Die Masse so auf den Beeren verteilen, dass ein kleiner Rand bleibt.

**4** Die Teller auf den Backofenrost stellen. Die Beeren-Baisers unter dem Grill 5–6 Min. überbacken. Mit Puderzucker bestreut servieren.

# orient-milchreis

2 Becher Milchreis (à 200 g; Fertigprodukt aus dem Kühlregal)
1 Bio-Orange
gemahlener Kardamom
2 EL Orangenlikör (ersatzweise Orangensaft)
2 EL Mandelstifte
60 g getrocknete Datteln (ohne Stein)
2 EL Rosinen

Für 2 Personen
Pro Portion ca. 425 kcal, 9 g EW, 10 g F, 73 g KH

**1** Den Milchreis in eine Schüssel geben. Die Orange heiß waschen, mit Küchenpapier abtrocknen, 1 TL Schale auf einer Küchenreibe fein abreiben. Den Reis mit Orangenschale, 2 Prisen Kardamom und Orangenlikör mischen und auf Dessertschälchen verteilen.

**2** Die Orange schälen und quer in feine Scheiben schneiden. Die Mandelstifte in einer kleinen beschichteten Pfanne ohne Fett hellbraun rösten. Die Datteln der Länge nach vierteln.

**3** Mandelstifte, Datteln, Orangenscheiben und Rosinen dekorativ auf dem Milchreis anrichten, gleich servieren.

**AUCH SCHÖN** mit frischen, in Spalten geschnittenen Aprikosen oder Nektarinen

VERY BRITISH

# schoko-minz-eis mit früchten

300 ml Bourbon-Vanilleeis
100 g Schoko-Minzblättchen (Fertigprodukt)
1 EL Orangenlikör (ersatzweise Orangensaft)
200 g exotische Früchte (z. B. Kapstachelbeeren, Kiwi,
　Mango, Ananas, Papaya)

Für 2 Personen
Pro Portion ca. 530 kcal, 5 g EW, 19 g F, 70 g KH

**1** Das Vanilleeis in einem hohen Rührbecher 3–4 Min. antauen lassen. Mit den Schoko-Minzblättchen und dem Orangenlikör fein pürieren.

**2** Das Schoko-Minz-Eis in eine Schüssel geben und für 6–8 Min in das Tiefkühlgerät stellen.

**3** Das Obst putzen, waschen und ggf. zerkleinern. Dekorativ auf zwei tiefen Pastatellern verteilen, das Pfefferminzeis dazu anrichten.

SÜSSER ASIA-KICK

# gebackene cashew-ananas

1 kleine Dose Ananas (4 Scheiben, Abtropf-
　gewicht 140 g)
4 EL ungesalzene Cashewnusskerne
100 g Crème fraîche
1 Päckchen Bourbon-Vanillezucker
1 Eiweiß
Öl zum Ausbacken

Für 2 Personen
Pro Portion ca. 420 kcal, 7 g EW, 34 g F, 23 g KH

**1** Die Ananasscheiben mit Küchenpapier trocken tupfen. Die Cashewkerne mittelfein hacken (es sollen noch Stückchen zu sehen sein) und auf einen Teller geben.

**2** Die Crème fraîche in einer Schüssel mit dem Vanillezucker mischen.

**3** Das Eiweiß in einen tiefen Teller geben, mit einer Gabel verschlagen, bis es schäumt. Die Ananasscheiben erst im Eiweiß, dann in den Cashewkernen wenden, die Nussbrösel leicht andrücken.

**4** Reichlich Öl in eine große beschichtete Pfanne geben. Die Ananasscheiben darin in zwei Portionen 3–4 Min. braten, dabei einmal wenden. Herausnehmen und auf Küchenpapier abtropfen lassen. Auf Dessert-tellern mit der Vanillecreme anrichten.

FRÜHLINGSFRISCH

# erdbeer-mascarpone-törtchen

150 g Erdbeeren
125 g Mascarpone
1 Päckchen Bourbon-Vanillezucker
1–2 EL Puderzucker (je nach Süße der Beeren)
4 runde Bio-Schoko-Reiswaffeln (ca. 8 cm Ø)

Für 2 Personen
Pro Portion ca. 495 kcal, 6 g EW, 30 g F, 50 g KH

1   Die Erdbeeren putzen und waschen, 2 schöne Beeren der Länge nach in Scheibchen schneiden. Die restlichen Beeren grob würfeln.

2   Die Erdbeerwürfel mit Mascarpone, Vanillezucker und Puderzucker in einen hohen Rührbecher geben und fein pürieren.

3   Je 1 großen Klecks Erdbeercreme auf 1 Reiswaffel geben, Erdbeerscheibchen in die Mitte legen.

**AUCH SCHÖN**   mit belgischen Knusperwaffeln oder süßen Oblaten

SAHNIG

# himbeer-schoko-becher

100 g Zartbitter-Schokolade (60 % Kakaoanteil)
200 g Sahne
1 Päckchen Bourbon-Vanillezucker
150 g Himbeeren

Für 2 Personen
Pro Portion ca. 620 kcal, 7 g EW, 49 g F, 36 g KH

1   Die Schokolade in Stücke brechen. 100 g Sahne in einem kleinen Topf erhitzen. Die Schokolade hineingeben und bei schwacher Hitze schmelzen lassen, dabei gründlich verrühren. Die Schokosahne vom Herd nehmen und etwas abkühlen lassen.

2   100 g Sahne mit dem Vanillezucker steif schlagen.

3   Die Himbeeren verlesen, waschen und mit Küchenpapier trocken tupfen. Himbeeren in zwei Dessertgläser geben. Mit der warmen Schokosauce und der Vanillesahne anrichten.

**AUCH SCHÖN**   mit Erdbeeren oder Brombeeren. Im Winter einfach aufgetaute TK-Beeren verwenden.

# eis-cappuccino

200 ml Bourbon-Vanilleeis
4 Schoko-Bonbons mit Espressofüllung (Fertigprodukt)
100 g Sahne
1 EL Zucker
Kakaopulver zum Bestäuben

Für 2 Personen
Pro Portion ca. 440 kcal, 6 g EW, 29 g F, 38 g KH

1   Das Vanilleeis mit den Espresso-Bonbons fein pürieren. Die Masse in Cappuccinotassen füllen und für 5–6 Min. in das Tiefkühlgerät stellen.

2   Die Sahne mit dem Zucker steif schlagen.

3   Die Tassen aus dem Tiefkühlgerät nehmen. Die Sahne darauf verteilen, alles mit etwas Kakaopulver bestreuen und schnell servieren.

**AUCH SCHÖN**   als Party-Dessert. Dazu kleine Portionen Bonbon-Eismasse in Espressotassen geben und gefrieren lassen. Wenn das Rezept verdoppelt oder verdreifacht wird, die Menge der Bonbons reduzieren (also bei 600 ml Eis nur 8 nehmen) – die Mischung wird sonst zu stark!

# campari-sorbet

150 g Zitronensorbet (Fertigprodukt)
4 EL Campari
1 TL fein abgeriebene Bio-Orangenschale
2 Bio-Orangenscheiben

Für 2 Personen
Pro Portion ca. 100 kcal, 0 g EW, 0 g F, 22 g KH

1   Das Zitronensorbet in einen hohen Rührbecher geben und 2–3 Min. antauen lassen. Campari und Orangenschale dazugeben, alles mit dem Pürierstab gründlich mischen.

2   Das Campari-Sorbet in eine Schüssel geben und für 8–10 Min. in das Tiefkühlgerät stellen.

3   Campari-Sorbet in Dessertschälchen oder -gläsern mit je 1 Orangenscheibe anrichten.

**AUCH SCHÖN**   als Aperitif: 1 Kugel Campari-Sorbet mit 1 EL Campari in ein Glas geben, mit Prosecco, trockenem Sekt oder Cremant aufgießen.
**ODER**   als Basilikum-Sorbet: Für 2 Personen 2 Handvoll Basilikumblättchen grob hacken, mit 150 g Zitronensorbet und 2 EL Zitronensaft fein pürieren. Für 5–6 Min. in das Tiefkühlgerät stellen. Ideal als raffinierter Zwischengang bei einem schnellen Menü.

MACHT SATT

# quark-omelett mit beeren

150 g TK-Waldbeeren-Mischung
2 Eier | 100 ml Milch
1 Päckchen Bourbon-Vanillezucker
1 TL fein abgeriebene Bio-Zitronenschale
125 g Magerquark | 1–2 EL Ahornsirup
Salz | 2 EL Öl | 2 EL Puderzucker

Für 2 Personen
Pro Portion ca. 385 kcal, 18 g EW, 19 g F, 35 g KH

1  Die Beeren in einem Sieb über einer Schüssel
8–10 Min. auftauen lassen. Den Backofen auf 50° vorheizen. Währenddessen die Eier trennen. Eigelbe mit
Milch, Vanillezucker, Zitronenschale, Quark und Ahornsirup verrühren. Die Eiweiße mit 1 Prise Salz steif schlagen und unter die Eigelbmasse heben.

2  1 EL Öl in einer beschichteten Pfanne erhitzen, die
Hälfte des Teigs hineingeben und goldbraun braten.
Das Omelett vorsichtig auf einen Deckel oder Teller gleiten lassen, umgedreht zurück in die Pfanne geben und
die andere Seite ebenso braten. Im Ofen warm halten.

3  Aus dem übrigen Teig das zweite Omelett braten. Vor
dem Servieren die Beeren auf den Omeletts verteilen,
mit Puderzucker bestäubt servieren.

EIS AUF INDISCH

# bollywood-becher

4 EL Sahne-Joghurt
1 Döschen Safran (gemahlen)
gemahlener Kardamom
150 ml Bourbon-Vanilleeis
2 EL Kokosflocken
4 Kapstachelbeeren

Für 2 Personen
Pro Portion ca. 230 kcal, 3 g EW, 15 g F, 21 g KH

1  Den Joghurt in einen hohen Rührbecher geben, mit
Safran und 2–3 Prisen Kardamom mischen.

2  Das Vanilleeis dazugeben und alles fein pürieren.
Die Joghurtcreme in eine Schüssel geben und für
5–6 Min. in das Tiefkühlgerät stellen.

3  Die Kokosflocken in einer kleinen beschichteten
Pfanne ohne Fett hellbraun rösten. Die Kapstachelbeeren öffnen, die Schalen auseinanderziehen und nach
hinten klappen.

4  Die Joghurtcreme in Dessertgläser füllen, mit gerösteten Kokosflocken und Kapstachelbeeren anrichten.

# wassermelonen-shake

¼ Wassermelone (ca. 700 g)
1 EL Limettensaft
100 ml Orangensaft
1–2 EL Ahornsirup (je nach Süße der Melone)
Crushed Ice (zerstoßene Eiswürfel)

Für 2 Gläser
Pro Portion ca. 155 kcal, 2 g EW, 1 g F, 35 g KH

1   Die Wassermelone schälen und die Kerne entfernen. Das Fruchtfleisch grob würfeln, in einen hohen Rührbecher geben und fein pürieren.

2   Limettensaft, Orangensaft und Ahornsirup dazugeben, alles noch einmal aufmixen.

3   Das Melonenpüree mit Crushed Ice mischen und in großen Gläsern mit einem langen Löffel servieren.

**AUCH SCHÖN**   Eiscreme-Soda: Pro Person je 100 ml Orangensaft und 1 große Kugel Fruchteis (z. B. Mango oder Zitrone, aus dem Supermarkt oder der Eisdiele) in ein Glas geben, mit 100 ml eiskaltem kohlensäurehaltigem Mineralwasser auffüllen. (Durch das sprudelige Wasser gibt's schönen Schaum.) Sofort mit Trinkhalmen und langen Löffeln servieren.

# beeren-kokos-smoothie

200 g TK-Beeren-Mischung
50 ml Orangensaft
1 EL Limettensaft
100 ml Kokosmilch

Für 2 Gläser
Pro Portion ca. 40 kcal, 1 g EW, 1 g F, 8 g KH

1   Die Beeren-Mischung in einen hohen Rührbecher geben und 5–6 Min. antauen lassen.

2   Orangensaft, Limettensaft und Kokosmilch dazugeben und alles fein pürieren.

3   Smoothie in Gläser füllen, mit einem dicken Strohhalm und einem langen Löffel gleich servieren.

**AUCH SCHÖN**   4 EL Erdbeer-Sahne-Eis dazugeben und mit dem Pürierstab noch einmal aufmixen.
**ODER**   mit frischen oder leicht angetauten TK-Erdbeeren zubereiten.

# register

### Die Herausgeberin

**Cornelia Trischberger** hat sich schon in ihrem letzten Buch »Kochen für Faule« als bekennende Anhängerin der unkomplizierten, modernen und schnellen Küche geoutet. In diesem Buch hat die langjährige Food-Journalistin und Autorin jetzt nicht nur eigene, neue Rezepte entwickelt, sondern auch interessante Rezepte von Kolleginnen und Kollegen zusammengestellt. Das Ergebnis: ein echter Klassiker der leichten, machbaren Alltagsküche!

### Der Fotograf

**Jörn Rynio** arbeitet als Fotograf in Hamburg. Zu seinen Auftraggebern gehören nationale und internationale Zeitschriften, Buchverlage und Werbeagenturen. Tatkräftig unterstützt wurde er von der Foodstylistin Petra Speckmann.

### Bildnachweis

Michael Boyny: Seite 171, 181;
Michael Brauner: Seite 20, 100;
Foodphotography Eising: Seite 59, 68, 70, 74, 77, 79, 81, 129, 131, 137, 140, 147, 162, 165, 169;
Klaus-Maria Einwanger: Seite 72;
Ulrike Holsten: Seite 2, 41, 49, 117;
Fotostudio L'Eveque: Seite 6, 7, 15, 17, 19, 22, 24, 27, 28, 30, 32, 38, 42, 45, 46, 50, 54, 56, 63, 64, 83, 86, 88, 93, 95, 96, 103, 105, 107, 111, 119, 121, 125, 134, 148, 155, 157, 167, 175, 179, 186;
alle anderen: Jörn Rynio

Titelfoto: Jörn Rynio

Titelbildrezept: Rucola-Pizza, S. 158

Syndication:
www.jalag-syndication.de

© 2009
GRÄFE UND UNZER VERLAG GmbH, München

Projektleitung: Stefanie Poziombka
Lektorat: Adelheid Schmidt-Thomé
Korrektorat: Waltraud Schmidt
Herstellung: Claudia Labahn
**Layout, Typografie und Umschlaggestaltung:** independent Medien-Design, Horst Moser, München
**Satz:** Liebl Satz+Grafik, Emmering
**Reproduktion:** Longo AG, Bozen
**Druck und Bindung:** Firmengruppe APPL, aprinta druck, Wemding

ISBN 978-3-8338-1677-2

8. Auflage 2014

### Umwelthinweis:

Dieses Buch ist auf PEFC-zertifiziertem Papier aus nachhaltiger Waldwirtschaft gedruckt.

 www.facebook.com/gu.verlag

## DIE GU-QUALITÄTS-GARANTIE

**Liebe Leserin, lieber Leser,**
wir möchten Ihnen mit den Informationen und Anregungen in diesem Buch das Leben erleichtern und Sie inspirieren, Neues auszuprobieren. Alle Informationen werden von unseren Autoren gewissenhaft erstellt und von unseren Redakteuren sorgfältig ausgewählt und mehrfach geprüft. Deshalb bieten wir Ihnen eine 100%ige Qualitätsgarantie. Sollten wir mit diesem Buch Ihre Erwartungen nicht erfüllen, lassen Sie es uns bitte wissen. Sie erhalten von uns kostenlos einen Ratgeber zum gleichen oder ähnlichen Thema.
Wir freuen uns auf Ihre Rückmeldung, auf Lob, Kritik und Anregungen, damit wir für Sie immer besser werden können.

**GRÄFE UND UNZER Verlag**
Leserservice
Postfach 86 03 13
81630 München
E-Mail:
leserservice@graefe-und-unzer.de

Telefon: 00800 / 72 37 33 33*
Telefax: 00800 / 50 12 05 44*
Mo–Do: 8.00–18.00 Uhr
Fr: 8.00–16.00 Uhr
(* gebührenfrei in D, A, CH)

Ihr GRÄFE UND UNZER Verlag
*Der erste Ratgeberverlag – seit 1722.*

GRÄFE UND UNZER

*Ein Unternehmen der*
GANSKE VERLAGSGRUPPE